STORIE

Luisa Ciuni e Elena Mora

Grace e Diana

CAIRO EDITORE

www.cairoeditore.it/libri

ISBN 978-88-6052-285-6

I edizione: maggio 2010
II edizione: giugno 2010

Sommario

GRACE E DIANA

PROLOGO

Grace e Diana, l'incontro

«Ma sarà sempre così?» chiese la giovane, apprensiva.

«No, mia cara» rispose con un sorriso la signora.

Per poi continuare, dopo una pausa a effetto, da grande attrice: «Sarà molto, molto peggio».

La giovane bionda, timidissima, è alla sua prima uscita dopo l'annuncio di un fidanzamento che ha fatto scalpore. Ha un sontuoso abito nero che le lascia le spalle completamente scoperte, due splendidi orecchini, ma l'allure e la posizione non sono certo quelle della vamp, sicura di sé, del suo sex appeal, della sua bellezza, che sboccerà parecchi anni e molte sofferenze dopo.

La signora, invece, è un'ex attrice da Oscar, da decenni Sua Altezza Serenissima, tornata a recitare per beneficenza. Ancora bella, matronale, ha i capelli raccolti in una treccia avvolta come una corona attorno al capo, una splendida collana di perle, un'ostentata sicurezza di sé. Parla con un giovane uomo dalle grandi orecchie, che gesticola intento a raccontarle qualcosa che lo appassiona particolarmente. Un po' a lato, la giovane li osserva con uno sguardo dal basso in alto che diventerà, in futuro, un suo segno distintivo.

Siamo al Covent Garden di Londra, nel 1981, e il curioso, elegante terzetto (che non si ritroverà mai più) è formato da Lady Diana Spencer, alla sua prima uscita ufficiale da fidanzata dell'erede al trono di Inghilterra, Carlo, principe di Galles, e Grace Kelly, da venticinque anni moglie del sovrano di un minuscolo, ma famosissimo principato: Ranieri di Monaco.

La foto testimonia l'unico incontro fra due principesse, due donne dal destino stranamente simile, che segneranno profondamente il loro tempo e il loro regno. Le loro vite si sfioreranno altre due volte. Grace sarà fra gli ospiti del regale matrimonio di Diana e Carlo, mentre Diana affronterà, caparbia, l'ostilità della corte per partecipare al funerale di Grace. Senza sapere che quella morte, e quel funerale mediatico, saranno una drammatica anticipazione della sua stessa fine.

C'era una volta...

C'era una volta un sogno così bello a cui tutti, ammettiamolo, abbiamo voluto credere. La sposa bellissima che avanza verso l'altare, fasciata in un abito sontuoso. Il suo primo passo da principessa, verso il trono.

Ma anche la giovane donna, immagine (anche solo immagine, che importa...) della purezza, che, baciando il principe, lo trasforma in re.

E vissero felici e contenti. Come nella favola che la mamma ci leggeva mettendoci a letto: «C'era una volta un re, e una principessa...».

E un principe ranocchio.

E un regno.

Grace e Ranieri, Diana e Carlo, hanno messo in scena, in tempi diversi e diversi modi, quella favola. Finché è durata.

La nostra storia comincia da qui.

Da dove nei libri di favole, e nei film d'amore, la sposa avanza nella navata della chiesa verso il suo principe, e la pagina e la pellicola corrono verso la parola «fine».

Le nozze

«Mia madre una volta mi disse che i giorni delle nozze furono così terribili, lei e mio padre erano così a disagio, che ci volle un intero anno prima che si decidessero a guardare il film della loro cerimonia» ha affermato Caroline di Monaco.

Ma anche Carlo e Diana, confesserà lei, non riuscirono mai a vedere con serenità il filmato delle loro spettacolari nozze che, pure, avevano incantato il mondo intero. Il matrimonio di Grace e Ranieri fu in assoluto il primo a essere ripreso e trasmesso, nei cinema e in tv; ogni dettaglio consegnato alla storia, per immagini, in un bianco e nero nitido ed elegante, quasi drammatico. Quello di Carlo e Diana è stato il primo a essere organizzato come uno spettacolo, studiato in ogni dettaglio, dalle dimensioni e la lunghezza dello strascico ai colori degli abiti delle invitate, per il massimo effetto scenografico nelle riprese televisive.

Lo show mediatico di cui erano protagoniste, e lo sarebbero state per decenni, le due coppie ebbe il suo primo, trionfale culmine proprio con il «sì».

GRACE - *La regina di Hollywood diventa principessa*

Trenta milioni di persone, infatti, si guardano in tutto il mondo – fra cui nove Paesi europei, e l'ascolto per l'epoca, siamo nell'aprile del 1956, è davvero da record – il documentario di trenta minuti sulla cerimonia di nozze fra Grace Kelly, la regina di Hollywood, e Sua Altezza Serenissima il principe Ranieri di Monaco. Intitolato *Il matrimonio del secolo*, il filmato, che ancora oggi si può vedere su YouTube, viene realizzato come parziale risarcimento alla Mgm per la rottura (in realtà, sospensione) del contratto fra Grace e la casa di produzione cinematografica; la parte dei proventi spettante agli sposi, comunque, viene devoluta in beneficenza. Il filmato documenta una prima cerimonia, civile, dopo la quale la sposa e lo sposo dormiranno comunque separati. Lei a palazzo, lui nella villa dove per tanti anni ha vissuto con la sua amante, anche lei attrice, Gisèle Pascal. Ranieri deve spiegare a Grace che la mentalità europea richiedeva quest'ultima separazione. Ma non sono forse, come ironicamente dichiara lei, ormai «sposati a metà»? La cerimonia breve, nella sala del trono del palazzo, deve essere ripetuta una seconda volta (ciak due) per le telecamere. Poi, l'incontro con i sudditi: la principessa, ricca ora di ben 140 titoli appena acquisiti (Ranieri ne collezionava 142) accoglie i monegaschi nei giardini del palazzo e brinda con loro. Qualche critica raccoglie l'abito indossato per la cerimonia civile: un castigato tailleur di pizzo in una delicata sfumatura di beige rosato. Nessuno può invece aver nulla da ridire sull'abito sfoggiato da Grace per le nozze religiose, il giorno successivo: una creazione di Helen Rose, la costumista della Mgm, generoso regalo della casa di produzione, costato oltre 7000 dollari – all'epoca un'autentica fortuna. Per mantenere il massimo della segretezza, il vestito è stato consegnato a Grace chiuso in un baule lungo e stretto di metallo, tanto che il portiere di casa sua, ignaro, cerca di dirottare la consegna alle vicine pompe funebri. Le damigelle indossano abiti acquistati da Neiman Marcus, lussuosa catena di negozi americana, ma la sposa, pratica in ogni dettaglio, ha acquistato scarpine e calze a basso prezzo in un grande magazzino.

Fasciata nel suo ultimo abito di scena, la sposa fa un'apparizione davvero hollywoodiana. Tesa, magrissima, non si lascia distrarre dalle telecamere e dagli obiettivi fotografici che affollano la chiesa, più fitti dei fiori bianchi con cui è stata riccamente addobbata la cattedrale. Il titolo di *Variety*, autorevole rivista di spettacolo americana, nel suo intento palesemente ironico, è rivelatore: «Nozze Ranieri di Monaco - Grace Kelly: la sposa è una star di Hollywood, lo sposo un non-pro», ovvero... un dilettante.

GRACE - *Abito o costume?*

Il busto sottile fasciato in un pizzo antico, il velo trapunto di perle, un'ampia gonna con lo strascico, un'acconciatura che ricorda i film su Elisabetta d'Inghilterra e Maria Stuarda, l'abito è nello stesso tempo un capolavoro di sartoria e un costume da Oscar: perfetto per evidenziare la bellezza e la classe di Grace. Ma anche per mettere in scena la regalità, per trasformare la bellissima attrice in credibile, virginea e nobile principessa. Un minuscolo mazzo di mughetti per bouquet è un tocco di classe minimalista che, decisamente, precorre i tempi. Ancora oggi infatti, mezzo secolo dopo, nei migliori atelier di abiti da sposa viene proposto il «modello principessa Grace», una rivisitazione più semplice, probabilmente per un problema di costi, del suo sontuoso vestito.

Accanto a lei lo sposo, con una divisa disegnata da lui stesso e ispirata alle uniformi napoleoniche, il petto ricoperto di medaglie, la spada al fianco (con cui si impiglia all'uscita dalla chiesa) appare persino troppo vistoso.

Accompagnata all'altare dal padre, Grace è concentrata e commossa. Ma quando i neosposi si avviano verso l'uscita, è lei che infila il braccio sotto quello di Ranieri e l'impressione è che, mentre si appoggia a lui, in realtà sia lei a guidarlo. In fin dei conti, la protagonista (e professionista) dello show è lei.

DIANA - *L'incantesimo del bacio*

È il 29 luglio 1981. Diana si è svegliata di buon umore. È riuscita a non invitare alla prima colazione Camilla, che nonostante la sua ingenuità percepisce come un'amica «troppo» amica del suo fidanzato, e a evitare che partecipi al ricevimento in programma dopo la cerimonia. È, quindi, piuttosto soddisfatta. Il grande giorno, il suo giorno, è arrivato.

Un team di parrucchieri e truccatori si è occupato della sposa per fare in modo che la sua immagine arrivi chiara e smagliante in ogni lato del globo. Il make-up curato, televisivo, le rende enormi gli occhi e un bocciolo la bocca, prima sempre trascurata.

Gli stilisti Emanuel la aiutano a indossare l'abito da sposa, il cui disegno è stato, anche in questo caso, un segreto custodito con grande cura. In sartoria è pronto addirittura un secondo vestito nell'eventualità, spiacevolissima, che qualcuno sia riuscito a trafugare qualche immagine del primo. Ma la loro inesperienza degli usi di corte – gli Emanuel sono giovani stilisti la cui vita viene rivoluzionata dalla scelta di Diana – si è sommata a quella della sposa. L'abito è gigantesco, quasi non entra nella carrozza reale che la regina ha disposto per trasportare la ragazza e suo padre fino alla cattedrale. La crinolina viene pigiata nel cocchio con qualche fatica, il velo di tulle, lungo sette metri, e la sontuosa gonna si stropicciano parecchio; nei filmati è evidente ma, nel trionfo mediatico di quella giornata, quasi nessuno se ne accorge.

Quando la giovane Lady scende dalla carrozza a fianco del padre – reduce da poco da un ictus e quindi piuttosto debole – il mondo impazzisce. L'abito è la somma di tutti gli abiti da sposa sognati da tutte le bambine del mondo: enorme, ricco di pizzi, ricami, merletti e fiocchi. Quando la Disney vi si ispira per l'abito da sposa della principessa del film *Come in una favola*, deve addirittura... renderlo un po' più semplice.

Diana sembra venire da un altro mondo.

Per i 750 milioni di spettatori è già la principessa delle fiabe. Un pudico tulle le copre il volto mentre avanza lenta nella navata, ma quando giunge all'altare e lo solleva, tutti vedono che la goffa adolescente è definitivamente scomparsa, sostituita da una bella giovane dagli occhi dolci e dal sorriso complice.

A un occhio attento, però, i due sposi hanno l'aria spaesata: quello che milioni di spettatori non possono certo sapere, e nemmeno indovinare, è quanto lo siano davvero. Nessuno dei due ha chiari i propri sentimenti ed entrambi si sentono al centro di una grande recita che poco ha a che fare col loro incerto e neonato rapporto.

DIANA - *Emozione e confusioni*

Nonostante le prove, Diana nel recitare i nomi di Carlo ne sbaglia l'ordine. Carlo fa fatica a infilarle la fede. La gente adora questi dettagli da matrimonio «normale» e ne trae l'idea che entrambi gli sposi siano commossi e innamorati, forse un po' travolti dalla pompa della cerimonia e dall'emozione.

Chissà quali emozioni prova invece Camilla, amante e, come la storia avrebbe dimostrato, unico vero amore di quel principe che osserva da lontano. Le hanno riservato un pessimo posto: per il protocollo, il suo unico ruolo è quello di habitué della famiglia reale.

Anche Grace di Monaco è in fondo alla chiesa: perché

le prime file sono destinate ai re e non ai «semplici» principi regnanti come lei. La accompagna il figlio Alberto e, come sempre, la sua eleganza fa apparire eccessiva la foggia delle varie regnanti, compresa la regina Elisabetta col suo cappellino a forma di meringa.

Diana è al centro della scena. Carlo, in divisa, è il suo comprimario, un ruolo che, almeno per quel giorno, sembra accettare di buon grado: quando mai lo sposo è più ammirato della sposa? Ignaro, però, che, da allora, quello di comprimario di una saga che avrebbe avuto toni di fiaba, di farsa e infine di tragedia, sarebbe stato il suo destino coniugale. E che il ruolo non gli sarebbe piaciuto affatto.

«Ci sono tutti gli ingredienti di cui sono fatte le favole» dice dal pulpito l'arcivescovo di Canterbury, con parole forse poco consone al suo ruolo ma che danno molto efficacemente voce al pensiero dei presenti e dei telespettatori.

Quando la coppia esce dalla cattedrale il volto di Diana, sorridente, smagliante, non più bambina, entra in tutte le case assieme a quello perplesso del marito. Che poi si scalda a sua volta e accompagna la neomoglie in carrozza sorridendo a tutti e salutando la folla oceanica in attesa da giorni.

Dal terrazzo di Buckingham Palace, fra gli applausi scatenati dall'apparizione dell'intera famiglia reale con la nuova radiosa principessa di Galles al centro, la regina e il principe Filippo contemplano soddisfatti il magnifico colpo messo a segno a favore della monarchia. Così quando la folla osannante reclama il fatidico bacio, è Elisabetta in persona a sorridere al figlio e a incoraggiarlo a baciare Diana. Le labbra dei due sposi si sfiorano e vengono fermate in un'immagine che fa il giro del mondo. Non si è mai vista prima una simile confidenza fra membri della famiglia reale. È un'apoteosi, un applauso immenso: persino Carlo sembra più giovane, meno rigido. Anche lui subisce la magia della sposa bambina, che incanta tutti.

L'infanzia

GRACE - *Da anatroccolo a cigno*

Quello in cui Grace Patricia Kelly viene al mondo, il 12 novembre 1929 a Philadelphia, è un vero e proprio clan. Come i Kennedy, i Kelly hanno origini irlandesi; ma sfortunatamente per loro, Philadelphia è molto meno disposta di Boston a lasciare da parte le origini sociali. E la casa in cui Grace, terza di quattro fratelli, cresce, è una costruzione solida e lussuosa (ha diciassette stanze ed è nel quartiere chic della città) realizzata con quei mattoni che hanno reso il padre ricco, molto ricco. I valori di famiglia sono altrettanto solidi: onestà, disciplina e decoro. Padre e madre sono sportivi convinti: lui è stato campione di canottaggio (riportando più vittorie di qualunque altro atleta americano dell'epoca), lei è un'insegnante di ginnastica. E lo sport, si sa, è disciplina, una caratteristica che Grace manterrà tutta la vita. Nell'impegnativo confronto con il resto della famiglia, lei purtroppo non è una grande sportiva. Né in famiglia sembreranno apprezzare, più tardi, la strada che si sarà scelta, il talento che dimostrerà. La casa è piena di grida e di vita; ma le regole sono rigide. Ma' Kelly, di origini tedesche, è un'ottima massaia, lavoratrice e risparmiatrice, e vuole che le figlie siano come lei. Grace e le sorelle Peggy, di quattro anni più grande, e Lizanne, di quattro più giovane e per sempre la piccola di famiglia, imparano a cucire, a lavorare a maglia e a crochet, a cucinare. Mentre in cucina Grace non farà mai faville – non andrà mai oltre gli amati hamburger – per tutta la vita approfitterà di ogni momento libero per lavorare a maglia, attività che troverà sempre estremamente rilassante anche sul set, così come ricamare. Con tre femmine e un maschio le attenzioni – e le pressioni – del padre sono tutte sul figlio, John B. Junior, detto Kell. Riuscirà a essere la rivincita vivente del padre – parteciperà e vincerà la gara di canoa a cui John B. Senior non era stato ammesso ventisette anni prima a causa delle sue umili origini.

La vita in casa Kelly è scandita da precisi appuntamenti annuali: le vacanze estive a Ocean City, i sabato mattina invernali nei centri sportivi, dove i ragazzi nuotano e le femmine prendono lezioni di danza; i sabato pomeriggio al cinema o a teatro con la famiglia al completo. Il Natale poi è l'evento familiare più significativo, preparato settimane e settimane in anticipo.

GRACE - *La famiglia quasi perfetta*

Un'infanzia apparentemente serena, se non fosse che, al contrario dei fratelli, Grace è fragile e malaticcia: infreddature e crisi d'asma la perseguitano nei primi anni, le allergie la accompagneranno tutta la vita. Poco sportiva, dunque, rispetto agli elevati standard familiari, e disperatamente affamata di considerazione e amore.

La madre è algida, disciplinata e perfetta in tutto, ma poco espansiva; quanto al padre, usa il suo fascino – le foto lo mostrano aitante, curato e sorridente – e la sua fortuna economica per distrarsi con avventure di cui i figli non avranno mai, almeno ufficialmente, sentore. Jack e Margaret Kelly mettono in scena la famiglia modello senza una sbavatura, ma Grace, delicata e sensibile, forse percepisce la tensione nascosta dietro le perfette apparenze. Perfette apparenze che diventeranno per lei, da sempre e per sempre, un valore assoluto. Nelle foto di famiglia padre e madre sono impeccabili e sorridenti; Peggy, la primogenita, ha lo stesso sguardo e la stessa sicurezza della madre; Kell, unico maschio, un ruolo ben definito, così come la «piccola» Lizanne. Grace, sempre magrolina, fissa l'obiettivo con aria assorta. Crescendo, nelle foto di fine anno della scuola il suo aspetto comincia a cambiare: occhi azzurri, capelli biondi, carnagione perfetta, l'obiettivo la ama. Nei ritratti degli annuari del liceo non ha ancora imparato a girare il viso di tre quarti per mascherare la mascella leggermente pronunciata; ma in quello dell'università già posa come una consumata attrice. È il 1948. Il padre la rivuole a casa: altrimenti non la aiuterà più a mantenersi. È così che lei inizia a lavorare come modella. Poi arriva qualche particina a teatro. Nel 1949 viene ingaggiata per una pièce scritta dallo zio George Kelly, *The Torch Bearers*. La sua vita è alla prima svolta. In quello stesso anno, in un minuscolo reame affacciato sul Mediterraneo, un giovane principe, Ranieri di Monaco, sale sul trono ereditato da un nonno che odia suo genero, in una famiglia devastata da tensioni e rancori. Devono però passare altri sei anni, e numerose capriole del destino, prima che le loro vite si incrocino.

GRACE - *Ranieri, l'erede conteso*

Ranieri nasce il 31 maggio 1923 da Carlotta, principessa ereditaria, e da Pierre de Polignac, che prende il nome della moglie, Grimaldi, per poter regnare. Il matrimonio comincia male – la ressa fuori dalla chiesa è tale che i due devono fendere la folla in fila indiana, e lo sposo si risente che Carlotta passi davanti a lui – e continua peggio. Nove mesi dopo le nozze nasce la loro prima figlia, Antoinette; ventinove mesi dopo di lei il fratellino, e principe ereditario, Ranieri.

Carlotta e Pierre sono male assortiti e si curano poco dei figli; a un certo punto lei lascia il palazzo dicendo che vi farà ritorno solo quando il marito se ne sarà andato; lui, per parte sua, Grimaldi è diventato e Grimaldi vuole restare. Nel 1930 viene resa pubblica la separazione e Ranieri, che ha sette anni, insieme alla sorella di dieci vengono per il momento affidati al nonno Louis. Quando però Pierre viene cacciato da Monaco, porta con sé i figli e affida subito Ranieri a una severa e prestigiosa scuola inglese, che nei ricordi del principe rimane come «un posto orribile. Pantaloni corti, docce fredde. Come castigo, colpi di bastone. Il solo momento buono, per me era la boxe. A parte questo, era abominevole».

I risultati sono tali che gli cambiano scuola, spedendolo a Stowe, vicino a Oxford. Lui è un bambino cicciottello e infelice, i compagni lo chiamano «Fat Monaco». Decide di scappare, facendo per la prima volta la gioia delle cronache inglesi. Quando anche Antoinette fugge dalla casa parigina del padre, il nonno decide di riprendere la custodia dei nipoti. Dal nonno, Ranieri viene inviato al collegio svizzero di Rosy, dove finalmente trova un po' di pace. Vince in parte la sua timidezza, si dedica agli sport. Diplomato, va a Parigi per frequentare l'università – facoltà di Scienze politiche – ma non lo si vede molto nelle aule, piuttosto nei locali. Alla vigilia del suo ventunesimo compleanno, la madre Carlotta rinuncia definitivamente al trono in suo favore, specificando però che solo la corona e il palazzo saranno suoi; tutto il resto delle proprietà rimarrà a lei. La stampa rosa inizia a occuparsi di Ranieri attorno al 1947, per la relazione con l'attrice Gisèle Pascal che durerà sei anni. Intanto, vive soprattutto nella villa di Cap Ferrat, né cambierà le sue abitudini quando, nel 1949, salirà al trono. Ranieri ha ventisei anni quando diventa sovrano di quel regno che, gli spiegano senza troppo garbo quando è in visita al set dove Grace sta girando *Alta società*, è più piccolo degli Studios dove viene realizzato il film. Un luogo assolato per gente dalle fortune piene di ombre, come qualcuno l'aveva definito, sdegnosamente boicottato dai veri re e regine. Alle nozze di Ranieri e Grace non si presenterà infatti nessuna testa coronata. Farà eccezione Farouk I d'Egitto, ormai caricatura di se stesso, che vive esule a Montecarlo ospite di sua Altezza Serenissima, barando al tavolo da gioco (anche alle nozze di Carlo e Diana, come abbiamo visto, Grace non avrà che un posto nelle ultime file).

DIANA - *Cenerentola (ma non troppo)...*

Anche l'infanzia di Diana, nonostante le premesse, non è stata felice. La sua famiglia per parte di padre, gli Spencer, vanta una nobiltà tale da poter considerare i Windsor dei semplici parvenu. Nasce il 1° luglio 1961 in un castello, Park House, la residenza di Sandrigham, accanto a uno dei palazzi di campagna della famiglia reale: parco da sogno, ampie stanze con arazzi e insegne araldiche, ma le similitudini con la fiaba finiscono qui.

I suoi genitori divorziano quando Diana ha sei anni dopo litigi e scontri cui lei e i tre fratellini assistono, impotenti. Dopo la separazione Lady Frances Fermoy, sua madre, si stabilisce a Londra con le piccole Jane e Sarah, mentre a Park House restano gli altri due bambini, presto al centro (come nel caso di Ranieri) di una dura battaglia legale, che si concluderà con la vittoria di Lord Spencer. Per i due piccoli rimasti, Diana di sei anni e il fratellino di tre, inizia un avvicendarsi di bambinaie durante la settimana e tristi weekend con la madre.

Nessuno si occupa in maniera particolare dei due bambini che finiscono in mano a governanti tanto inadatte (una aveva l'abitudine di picchiare Diana con un cucchiaio di legno) quanto odiate. Per Natale ai piccoli Spencer viene consegnato un catalogo di giocattoli sul quale segnare i propri desideri, che venivano sempre, con puntuale ma gelida efficienza, soddisfatti.

Attorno a loro è una gara per insegnare le buone maniere, perché devono essere sempre educati ma mai snob. La grande ricchezza materiale unita all'educazione aristocratica in scuole lontane dai genitori e all'assenza della figura materna avrà effetti devastanti nella vita di Diana che, come sua sorella maggiore Sarah, soffrirà tutta la vita di gravi disturbi dell'alimentazione. Certamente, quando Diana a sua volta diventerà madre, si sforzerà di educare i figli in modo del tutto differente e almeno in questo troverà in Carlo un buon compagno e sostegno.

DIANA - ... *e la matrigna cattiva*

Anche la vita al college non è facile per Diana e concorre a farne l'adolescente, alta, timida e piuttosto goffa che Carlo presenta agli inglesi il 24 febbraio 1981 con un anello di fidanzamento con un gigantesco zaffiro tempestato di brillanti. Un anello adatto a una donna di trent'anni più vecchia, ma che la giovanissima Diana sfoggerà con orgoglio per anni. A scuola non è mai stata brava e spesso si chiude in se stessa, si mangia le unghie fino all'osso. I capelli, che le mèches avrebbero reso d'oro, sono di un biondo spento, pettinati con poca grazia, frangetta e riga a sinistra.

L'abbigliamento è, a dir poco casual: pantaloni, golfini, a volte abiti da cerimonia di gusto vittoriano con gonnelline a ruota firmati Laura Ashley. C'è molta goffaggine, e una punta di snobismo in quel modo di vestire, che è tipico di una ragazza indecisa sviluppatasi troppo e troppo all'improvviso per essere armonica. Diana, inoltre, cresciuta senza mamma, dedica poca attenzione all'aspetto fisico e molto interesse agli esseri umani. Ha una gran voglia di libertà che si concretizza quando, lasciato il college senza onori, si iscrive all'Institut Alpin Videmanette di Gstaad in Svizzera, una costosa scuola di perfezionamento dove, se non altro, impara bene a sciare.

Tornata a Londra, si trasferisce a vivere con le amiche a Coleherne Court dove abiterà fino alle soglie del matrimonio col principe Carlo.

In questo periodo, comincia a cucinare e prende qualche chilo. Arrotonda la paghetta paterna facendo la babysitter e lavorando qualche ora in un asilo nido (dove verrà poi fotografata per la prima volta dai paparazzi con la gonna trasparente). Viaggia con le amiche, va a Parigi, si fa fotografare in asciugamano e cuffia da doccia: con l'entusiasmo di una ragazzina che si sta aprendo all'esistenza e trova finalmente compagnia e divertimento dopo un'infanzia triste e un'adolescenza consolata solo dalla danza e dal nuoto. Sport che ama moltissimo, che praticherà sempre, e che ha perfezionato nella villa di famiglia dove il padre ha fatto costruire una piscina all'aperto. Forse non per lei, che tuttavia ne è entusiasta, ma per dare maggiore lustro alla residenza avita. Diana adora il padre che, a sua volta, la preferisce agli altri figli. Senza che questo lo porti a occuparsi particolarmente di lei, specie dopo le seconde nozze con Raine Legge, la figlia di Barbara Cartland, la regina della letteratura rosa, matrigna subito detestata cordialmente e unanimemente da tutti e quattro i ragazzi Spencer. Il matrimonio con Raine contribuirà ad allontanarli, progressivamente e per sempre, dal padre.

Il conte Spencer, infatti, non curandosi particolarmente di lei, non si accorge dei suoi drammi adolescenziali. La madre lontana e la matrigna troppo vicina, decisamente ingombrante, contribuiscono alla sua agitazione, cercando ognuna di tirarla dalla propria parte. Sembra che in occasione di un party importante ciascuna delle due avesse regalato a Diana un abito da sera, lasciando a lei l'imbarazzo di quale scegliere e di chi subire, poi, le recriminazioni.

DIANA - *Carlo, il piccolo principe*

Anche il principe Carlo ha un'infanzia problematica, spesso lontano dalla regina e con un padre severo che tende in ogni modo a fare di lui la propria copia, ignorandone le reali qualità e tendenze. Carlo nasce il 14 novembre 1948, primogenito della coppia ancora principesca, con un destino già scritto. Futuro re d'Inghilterra alla morte della madre, tutta la sua vita non sarà altro che un paziente esercizio per questo ruolo. Questa, almeno, è l'opinione del principe Filippo che sceglie per il figlio le scuole più dure, e inadatte al suo carattere, nella speranza di forgiarlo militaresco, coraggioso e pronto al sacrificio.

L'educazione paramilitare dà a Carlo un'infarinatura delle doti auspicate dal principe consorte, ma la maturità e l'età adulta avrebbero fatto affiorare altre tendenze castrate durante l'infanzia: la passione per l'arte, l'acquerello, l'architettura, la natura intesa nella sua integrità biologica, la meditazione, le attività benefiche. Oggi il principe Carlo, a dispetto dell'educazione ricevuta dal padre, è il più colto degli uomini di casa Windsor e le sue tesi sull'agricoltura biologica, che per decenni lo hanno esposto a ironie di ogni genere, sono rispettate in tutto il mondo. Ma l'infanzia ha segnato per sempre l'erede al trono inglese. Bruttino con le orecchie a sventola, è spesso vittima del bullismo dei coetanei. Cosicché, quando, poco dopo le nozze, Diana deciderà di tenere i bambini il più possibile vicino a sé e di organizzarne di persona il tempo libero, Carlo si troverà d'accordo. Arriverà addirittura a sfidare apertamente la regina portando con sé il piccolo William di circa un anno in Australia nel loro viaggio ufficiale.

Due corone in palio

GRACE - *Il sovrano cerca moglie*

Solitario, triste, Ranieri è principe di un regno in serie difficoltà economiche. Da un lato c'è la sorella Antoinette che cerca di togliergli il trono, che spettegola (lei, come Ranieri del resto, figlia di una illegittima, e nipote di una lavandaia) sulle origini plebee della bella attrice, Gisèle Pascal, di cui il fratello è innamorato, arrivando fino a documentare una presunta incapacità di generare della Pascal (che, in seguito, verrà smentita dai fatti). Dall'altro c'è un socio ricchissimo e ingombrante, Aristotele Onassis, in possesso del pacchetto di maggioranza della Société des Bains de Mer (società da cui dipendono tutti i ristoranti, i casinò, gli alberghi di Monaco), che entra a gamba tesa in ogni decisione riguardo alle sorti del principato. Ranieri ha disperatamente bisogno di qualcuno con cui dividere il carico della corona. Onassis è il primo a pensare a un matrimonio glamour, addirittura con Marilyn Monroe: ipotesi apparentemente bizzarra, ma nemmeno troppo lontana dalla realtà che si imporrà pochi mesi dopo. Così, quando una giovane attrice, bellissima, al culmine del successo, quasi mandata dal destino, arriva in visita a palazzo, la folgorazione è reciproca: Grace è alla ricerca di un marito che non sia un semplice signor Kelly, Ranieri di una moglie che ridia lustro al principato. È vero amore? Difficile a dirsi. Sicuramente un vero affare per tutti e due.

GRACE - *Piccola digressione: Onassis*

Aristotele Onassis, ricco armatore greco, inizia a rastrellare azioni della Société des Bains de Mer nel 1953, fino a ottenerne il controllo. Diventa così l'uomo più potente di Monaco, dopo il principe, ovviamente. Alla fine del 1954, torna al principato deciso a stabilirvisi come un vero e proprio secondo sovrano. Non a terra, ma sul mare, a bordo del *Christina*, uno yacht incredibilmente lussuoso, che, oltre alla suite padronale, ha dodici stanze per gli ospiti (ma che, come confiderà a Ranieri, «sono sempre vuote, perché non ho altrettanti amici della cui compagnia mi piace godere»). Fra Ranieri e Onassis c'è un curioso rapporto: tutti e due facili all'ira, si contenderanno per decenni il potere sul principato, ciascuno per piegarlo alla propria concenzione del mondo. Nemmeno a dirlo, sebbene Grace sia buona amica di Ari e della sua compagna dell'epoca, il soprano Maria Callas, non ha né avrà mai un dubbio da che parte stare; come nessuno del resto dubita della sua lealtà nella guerra contro Ari. Persino il *Deo Juvante* (con l'aiuto di Dio, che è anche il motto monegasco), lo yacht con cui Ranieri accoglie

Grace a Montecarlo, è argomento di contrasto tra i due, con il Greco che sostiene si sia trattato di un suo regalo e Ranieri che afferma di averlo pagato ben 200mila dollari. Pare che Onassis, felice del colpo mediatico delle nozze di Ranieri, che sicuramente avrebbero portato turisti e glamour al principato in cui aveva investito tanto denaro, abbia assistito alla partenza in viaggio di nozze della coppia, proprio sul *Deo Juvante*, commentando «Che bastardo fortunato!». E qualcuno accanto a lui abbia ribattuto «Chi, tu o Ranieri?».

La guerra tra i due si concluderà, dopo molti incontri, scontri e intrighi, solo nel 1967. Ari lascerà Montecarlo, dove ha trascorso, tranne brevi intervalli, quindici anni della sua vita; vi tornerà solo un anno prima di morire, nel 1974, e carezzerà il sogno di rimanervi: ma vi sono troppi ricordi, è passato troppo tempo, niente è più come una volta. Né lui, distrutto dalla morte del figlio, né Ranieri che pure lo saluta come un vecchio amico, né la costa, così diversa da quella che lui aveva immaginato, più moderna e popolare, ma più vitale che mai.

DIANA - *Caccia alla vergine*

Mentre quel brutto anatroccolo di Diana si sta trasformando in un cigno, Carlo vive la sua gioventù di scapolo d'oro evitando accuratamente qualsiasi impegno serio. È consapevole che il suo matrimonio sarà un affare di Stato e che, in caso di errore, un divorzio non sarebbe praticabile.

La prescelta dovrà essere nobile e illibata, capace di sopportare il peso della vita di corte e degli incarichi ufficiali, e la pressione spesso insopportabile che i media avrebbero esercitato su di lei. Ma soprattutto dovrà essere di bella presenza: in poche parole un terno al lotto.

Carlo, inoltre, sia pure in una grande confusione sentimentale che lo fa saltare da una Lady a una contessa scatenando la stampa di gossip, ha già una prescelta dentro di sé. Una donna che non risponde ad alcuno dei requisiti richiesti. Camilla Shand, futura signora Parker Bowles, è borghese, già non più vergine quando si sono conosciuti, non ama la vita mondana, l'eleganza, le cerimonie, insomma quanto di meno adatto si possa immaginare per il ruolo di moglie del principe ereditario.

Non bella, ma molto sensuale, condivide le passioni di Carlo per l'equitazione, la vita all'aria aperta, le piante. Si dice che la loro vita sessuale sia travolgente per merito di Camilla, amante esperta, ma quello che tutta Londra sa, tranne Diana, è che i due stanno sempre insieme, parlando, chiacchierando, scambiandosi opinioni. Rispettandone lo stato di donna sposata Carlo, dopo le nozze di lei, la chiama «la mia amica», ma a credere in una pura amicizia platonica sono veramente in pochi.

La piena realizzazione del carattere del principe di Galles è avvenuta maturando negli anni attraverso lo studio e l'impegno, ma anche attraverso esperienze dolorose come il matrimonio quasi forzato, la solitudine, la consapevolezza dell'unicità del suo rapporto con Camilla.

A trent'anni, comunque, Carlo è appena uscito da Cambridge e dalla tutela familiare, conscio solo dei suoi privilegi di principe di Galles e della difficoltà di trovare una sposa adatta al suo ruolo.

Piuttosto timido nei rapporti interpersonali e rigido in quelli ufficiali (si fa chiamare da Diana *Sir* anche dopo il fidanzamento) è anche irrimediabilmente bruttino: lineamenti equini, non molto alto (contro la magnifica statura del padre e dei fratelli), con due clamorose orecchie a sventola che spiccano in ogni immagine, invano bilanciate dalle basette. Un fisico decisamente inadatto a rafforzare l'autostima, mentre il diktat familiare è sempre lo stesso: rigore e sacrificio in attesa del proprio ruolo predestinato, nessuna debolezza o intimità in pubblico, severità prima di tutto con se stesso, senso del dovere come unico sentimento lecito.

Gli resta ben poco tempo libero dagli impegni reali: e allora va a cavallo, gioca a polo, va a ballare e a cercare ragazze, meglio se sposate per evitare trappole e matrimoni indesiderati; ovvio che non sia aperto ed esperto della vita. Attraversa inquieto una sequela di impegni priva di scopi che non fossero l'attesa della morte della madre per diventare re.

Le prime ragazze lo fanno divertire e lui diventa un dongiovanni con facilità (chi si nega al principe ereditario?), fino all'arrivo nel 1970 di Camilla Shand, la donna proibita.

Si sono versati fiumi di inchiostro sull'amore fra Carlo e Camilla, che non fu affatto semplice e lineare come oggi lo descrive l'agiografia di palazzo. Quello che è certo è che lui per la prima volta nella sua vita viene trattato da semplice essere umano. Via i *Sir*, l'etichetta, i valletti addetti alla vestizione in cambio di risate, corse a cavallo, chiacchiere e molti interessi comuni. Carlo si fida di Camilla fin dal primo momento perché è chiaro che, con la sua situazione personale, la ragazza non può sposarlo benché lui glielo abbia chiesto due volte, pronto a lasciare tutto per lei. Ma Camilla non si vede regina d'Inghilterra e lo choc subito dal Paese per le nozze del duca di Windsor con Wallis Simpson e la successiva abdicazione è ancora forte. La coppia non si sente di rinnovarlo.

Così nel 1973, mentre Carlo è lontano nelle Indie occidentali dove doveva stare sei mesi, Camilla sposa un suo vecchio pretendente, Andrew Parker Bowles.

Le nozze reali, prima difficili, diventano impossibili.

Dopo un breve periodo di serenità coniugale, durante il quale mette al mondo due figli, il primo dei quali non molto opportunamente tenuto a battesimo da Carlo, Camilla diventa l'amante sposata del principe di Galles. Circostanza segreta, nota solo a pochissimi fra cui Lord Louis Mountbatten, zio molto amato del principe e grande organizzatore di nozze altolocate – tra cui quelle di Elisabetta e il marito. Mountbatten è soddisfatto che la borghese Camilla sia definitivamente esclusa dalla rosa delle eventuali spose reali. Quindi è pronto ad aiutare gli amanti mentre lui si impegna a cercare una sposa adatta al principe di Galles.

Ma è insieme, in perfetta sintonia, che i due innamorati prendono la peggiore cantonata della loro vita: sottovalutare quella timida ragazzina che è all'epoca Diana Spencer.

L'incontro

GRACE - *Un destino di... Bonheur*

Sulla Costa Azzurra, Grace era già stata l'anno prima dell'incontro con Ranieri, a girare il film di Hitchcock *Caccia al ladro*. Era rimasta incantata dalla bellezza della baia, dalle stradine della Corniche, quelle curve strette su cui nel film (curiosa premonizione del suo destino) guida spericolata a fianco di un Cary Grant terrorizzato. Torna in Francia, però di malavoglia, dietro le insistenze della casa di produzione per partecipare, a Cannes, al festival del cinema. Deve promuovere un film che ama molto, *La ragazza di campagna*, per cui ha vinto l'Oscar.

Paris Match, il settimanale francese, deve seguire la manifestazione; ed è in quest'occasione che il suo direttore Gaston Bonheur (in francese il suo cognome significa felicità) si immagina il grande scoop: un incontro fra la regina di Hollywood, Grace, appunto, e il principe di Monaco. Se ne occupa il giornalista Pierre Galante, un nome un destino, marito dell'attrice Olivia de Havilland (la dolce e mielosa Melania di *Via col vento*). La coppia si trova per coincidenza sul treno che porta Grace da Parigi a Monaco. Grace non è particolarmente interessata, di

Ranieri non ha mai sentito nemmeno parlare (solo durante le riprese di *Caccia al ladro* aveva ammirato il palazzo affacciato sui giardini e sul Mediterraneo) e le sue giornate sono fitte di impegni. Ma lei non vuole essere sgarbata con un settimanale importante e con il marito di una collega, quindi accetta: l'incontro viene fissato per il 6 maggio 1955. La mattina, uno sciopero blocca la centrale che rifornisce di elettricità Cannes. Gli abiti stipati in valigia sono tutti stropicciati e Grace (che è maniaca dell'ordine, come Diana, che arrivava a stirarsi da sola gli abiti) sceglie il meno disastrato, un capo nero, stampato a vistosi fiori, poco adatto all'occasione. Né può asciugarsi i capelli, che decide quindi di raccogliere. Non ci si può presentare a corte senza un'acconciatura, ma nel frattempo si è fatta l'ora di pranzo e i negozi sono chiusi. La sua assistente intreccia una composizione di fiori sintetici e la sistema attorno al capo. Grace, Galante e i fotografi possono infine partire. Appena fuori Cannes l'auto su cui viaggiano i fotografi ha un piccolo incidente; un tamponamento senza gravi conseguenze, ma che fa perdere altro tempo. All'arrivo a Monaco nessuno della compagnia ha mangiato nulla: Galante entra in un hotel a prendere dei panini al prosciutto. Rifocillati, alle tre meno cinque arrivano a palazzo. Dove, sorpresa, il principe... non c'è. Ufficialmente è impegnato in un meeting, in realtà se ne sta nella sua villa dove ha pranzato con Gisèle Pascal. Dopo oltre mezz'ora di attesa, una accurata visita del palazzo e una serie di foto per il giornale, Grace si innervosisce; manca poco al suo prossimo impegno, a Cannes: deve rientrare. Galante suda freddo. La diva vuole andarsene. L'incontro, costato tanta fatica, rischia di sfumare. Fortunatamente, a quel punto, si sente il rombo del motore della Lancia di Sua Altezza Serenissima, che si presenta scusandosi per il ritardo. Ed è così che, cosa assai rara nella sua carriera, la puntualissima attrice arriverà tardi all'appuntamento successivo. Precisa, educata, il giorno dopo Grace scrive a Ranieri un biglietto in cui, con la sua grafia chiara e rotonda che conserverà per tutta la vita, lo ringrazia dell'incontro. Inizia così uno scambio di lettere che rimarrà segreto fino alla notizia del fidanzamento. Ma quel giorno, all'amica Olivia de Havilland che le chiederà del principe risponderà soltanto «He is charming, very charming». Affascinante, davvero affascinante. Ranieri, *the charming prince*, il principe azzurro.

DIANA - *La realtà e il sogno*

Poco seguita dalla famiglia, poco brillante a scuola e superata – al momento della crescita – in avvenenza dalle sorelle maggiori Sarah e Jane, Diana cresce timida e introversa con molta voglia di vivere, molta timidezza e quasi nessuna esperienza della vita. Amore e matrimonio sono per lei parole assolutamente astratte. Il principe Carlo è di casa: è uno dei pretendenti di sua sorella Sarah, al tempo anoressica, mentre Diana, ancora cicciottella, non si cura né di sé né di lui.

In quel periodo le loro vite si sfiorano. Quando Carlo dà una festa a Buckingham Palace per il suo trentesimo compleanno invita entrambe le sorelle. Diana si diverte moltissimo, lontana anni luce dall'idea che il festeggiato possa diventare per lei, in un futuro, qualcosa di più di un regale vicino di casa.

Appena uscita dalla scuola di perfezionamento, pensa solo a godersi l'indipendenza. Indipendenza che durerà due anni, l'unico periodo nella vita di Diana di gioventù spensierata. Che invidiasse alla sorella Sarah la sua possibilità di nozze col principe azzurro? Tutto fa pensare di no. Anche se l'idea di diventare il centro dell'interesse di un reale vero, come in una favola, comincia a farsi strada nella mente della giovane Spencer, sicuramente innamorata più dell'amore e del ruolo che dell'uomo. Proprio come per Grace, la attirava l'idea di presentarsi al padre amatissimo e distratto a fianco di un fidanzato simbolicamente «importante», di riscattare la propria immagine in famiglia con un marito destinato a essere re. Nasce in questo periodo la sua visione idilliaca del matrimonio che culminerà nella passeggiata lungo la navata di Saint Paul: una coppia simbiotica, tanti figli, un pizzico di mondanità a Londra (di vita in campagna Diana ne ha fatta anche troppa), abiti in quantità, viaggi al mare. Nulla di irrealizzabile se... non si sposa un Windsor. Ed è forse sempre in quel momento di rivalità con le sorelle che decide di sfidarle sposando qualcuno di apparentemente inarrivabile. Chi meglio del principe di Galles?

Il dolore per il divorzio dei genitori fa maturare in lei la convinzione che si sarebbe sposata solo trasportata da un amore folle e che mai un divorzio avrebbe turbato la vita dei suoi figli. A diciott'anni, Diana ha, dunque, le migliori intenzioni ma nessuna esperienza della vita né conoscenza dell'animo umano. È quindi la perfetta vittima sacrificale, pronta a essere immolata sull'altare di un matrimonio di Stato. Per amore, *whatever it means*, qualsiasi cosa significhi, come dice Carlo al momento del loro fidanzamento, gelando il sorriso dei presenti e lanciando un pesante avvertimento (nell'entusiasmo del momento, trascurato) sugli eventi a venire.

GRACE - *L'Oscar e la chiamata al trucco*

La pur giovanissima Grace Kelly che incontra Ranieri ha già alle spalle una carriera avanzata a velocità supersonica: cinque anni dal primo contratto, per il film *La quattordicesima ora* del 1951, all'Oscar per *La ragazza di campagna* nel 1955. In un lustro brucia il successo che altri impiegano una vita a ottenere. È la beniamina di Hitchcock, che con lei realizza pellicole indimenticabili; è la fidanzata d'America, elegante, apparentemente algida, dotata di un sex appeal meno evidente di quello delle maggiorate all'epoca di moda, ma che fa molte vittime, sul set come sullo schermo. Ma nemmeno con la statuetta riesce a conquistarsi l'approvazione e la stima del padre. Nessuno degli uomini che presenta a casa Kelly viene considerato giusto per lei; col fiorire della sua carriera e della notorietà, Grace si rende conto che diventa sempre più drammaticamente difficile trovare un compagno che non sia un semplice «Mister Kelly». Inoltre, come spiegherà lei stessa a Gore Vidal: «I primi anni il mio appuntamento per il trucco era alle otto. Ora per andare al trucco mi alzo alle sette. Rita Hayworth ci va alle sei. Joan Crawford e Bette Davis alle cinque. Non voglio pensare al momento in cui dovrò arrivare ancora più presto». Grace si muove in un mondo e in un contesto in cui semplicemente non è previsto invecchiare, non è contemplato imbruttire. Paradossale? Neanche tanto per una che ha ottenuto tutto quello che Grace ha ottenuto, che si sente al top della sua carriera e che, da qui in poi, non potrà che scendere. Avrà pensato a quello avanzando nella cattedrale di Monaco, fasciata nel suo abito da favola? Avrà fantasticato di una vita serena, di famiglia, lontano dai riflettori, accanto a quell'uomo solido, autorevole e autoritario, un buon sostituto del rigido padre? Come Diana, probabilmente ha sempre sognato una famiglia, un uomo innamorato accanto, un ruolo importante. Ma, come Diana, sarà a lungo una straniera a corte, per lunghi anni accolta, ma non accettata. Come Diana, farà dei riflettori accesi su di lei e sulla sua famiglia una delle più potenti armi di comunicazione: Grace per difenderla, a ogni costo e in ogni modo, Diana per attaccare quella corte che non l'aveva mai capita. L'amore per Ranieri, l'orgoglio di diventare una principessa vera, di dimostrare al clan Kelly che anche lei, a suo modo, è davvero speciale, non lasciano probabilmente spazio, nella testa di Grace, alla realistica ipotesi che la sua vita non sarà altro, da ora in poi, che una continua chiamata al trucco, e che sul suo nuovo palcoscenico le luci della ribalta non si spegneranno mai. Senza che nemmeno ci sia un Oscar da vincere.

Fidanzati frettolosi

GRACE - *Il principe, la diva e padre Cupido*

Ma che cosa accade dal maggio 1955, data di quel fatidico primo incontro, al 6 gennaio 1956, quando viene annunciato il fidanzamento della regina di Hollywood con il principe di un piccolo, esotico Stato? Come è possibile che due persone che quasi non si conoscono decidano di unire per sempre le loro vite?

Le foto dell'incontro fra i due a palazzo, pubblicate con grande evidenza da *Paris Match*, scatenano una tempesta di pettegolezzi. Tanto che Ranieri si sente obbligato a intervenire alla radio con una dichiarazione che testimonia, se non altro, il suo spiccato senso dell'humour: «Capisco, cari sudditi, che il tema del mio matrimonio vi stia molto a cuore, ma vi posso garantire che a me interessa nella stessa misura, o ancor di più». Dietro l'ironia si nasconde, però, un'amara verità: è difficile per il principe poter frequentare una donna abbastanza a lungo da conoscerla bene e fidarsi di lei senza essere braccato dai giornalisti. In più, le sue nozze sono, oltre che una faccenda sentimentale, un affare dinastico e un affare di Stato: deve essere certo, infatti, che la sua promessa sposa sia in grado di generare un erede alla corona (clausola di cui era stato amaramente conscio nella sua relazione con Gisèle Pascal, risultata sterile agli esami medici) e avere anche il consenso ufficiale della Francia sulla prescelta. Infine, deve scegliere una persona che sia adatta al suo ruolo nel principato: e, come ha dichiarato un nipote di Ranieri, «il principe scelse Grace non perché fosse perfetta per il principato, ma perché se ne innamorò». Rimane il fatto, però, sottolinea il nipote, che non l'avrebbe mai sposata se lei non fosse stata giusta per il suo regno. Intanto, altre foto, quelle di *Life* che ritraggono Grace durante un pranzo con Jean-Pierre Aumont, in atteggiamenti piuttosto intimi, portano alle stelle i pettegolezzi su di lei, aiutati dalle dichiarazioni dell'attore francese che si proclama innamoratissimo, ignaro del fatto se sia o meno corrisposto ma, in ogni caso, immediatamente disposto a sposarla. Ma quando fa ritorno a casa, a Philadelphia, e ma' Kelly le chiede se vuole invitare Aumont a casa, Grace risponde immediatamente di no. Disinteresse assoluto (dopo aver comunque trascorso una settimana a casa di lui, con la figlia del precedente matrimonio e la famiglia) oppure ancora una volta paura che la famiglia le distrugga sul nascere la relazione con un pretendente interessante? Nel frattempo, deve tornare sul set, finalmente di un film della Mgm, *Il cigno*. E qui, veramente, se fossimo in un romanzo, le curiose coincidenze sarebbero davvero troppo bizzarre. Ma non resta che registrare quanto successe nella realtà.

Il cigno è un film ambientato in una reggia, nella realtà la copia di un castello del Rinascimento francese costruito in stile nel North Carolina dai Vanderbilt e la protagonista è una principessa divisa fra il regno e l'amore, i sentimenti e il dovere verso il proprio Paese. E, in maniera sorprendentemente appropriata, Grace sta decidendo se continuare a recitare o impersonare per sempre e davvero il ruolo di una principessa. Le foto di Grace sul set la ritraggono pensierosa, impegnata a imparare a tirare di scherma o intenta ai suoi amati ricami; a leggere misteriose lettere o ad ammirare i vestiti di scena – letteralmente favolosi – che la costumista Helen Rose (la stessa che disegnerà il suo abito nuziale) realizza per il film con i tessuti più preziosi e i pizzi più ricercati.

Al biglietto di ringraziamento che Grace ha inviato a Ranieri sono seguiti una missiva del principe e un biglietto di padre Tucker, il cappellano di palazzo, confidente e amico di Ranieri che, come in un'opera teatrale di Shakespeare, si impegnerà molto (e si divertirà parecchio) nel ruolo di Cupido fra i due innamorati. Ranieri confida al sacerdote di essere rimasto molto colpito dalla ragazza, dalla sua semplicità e dalla sua bellezza; inizia così un corteggiamento a distanza, fatto di lettere e telefonate a cui la segretezza non fa che aggiungere fascino. Grace, infatti, non ne parla con nessuno; e, mentre si cala nel ruolo di una bellissima e giovane principessa, in un meraviglioso palazzo, sul set, si trova a immaginare che la sua vita possa avere davvero quella svolta; che la finzione possa diventare, per sempre, realtà. I colleghi la trovano distante e deconcentrata, anche se sempre disponibile e gentile: ma certamente su quel set Grace si sta preparando a prendere la decisione più importante della sua vita.

GRACE - *Un tè a palazzo*

La successiva svolta nella vicenda, però, avviene nel modo più pragmatico e americano possibile. Edie e Russell Austin, due amici di Philadelphia della famiglia Kelly, si trovano a Montecarlo in vacanza. Desiderano partecipare alla serata di gala dello Sporting Club, ma non vi sono più posti disponibili. Edie non si scoraggia e, ricordandosi dell'incontro tra Grace e il principe, convince il marito a chiamare a palazzo per sottolineare il rapporto di amicizia che li lega all'attrice e vedere di recuperare un posto. Russell telefona e lascia un messaggio per il principe al suo segretario. A Ranieri non pare vero di trovare un punto di contatto assolutamente neutrale con la bella attrice: così padre Tucker (di nuovo lui) comunica agli Austin che il principe non solo avrebbe riservato un tavolo per loro al gala, ma che sarebbe anche stato felice di averli ospiti a palazzo per un tè. La conversazione, quel pomeriggio, ovviamente, gira attorno a un argomento solo: Grace. Il sacerdote e Ranieri scoprono con gioia che gli Austin sono davvero intimi dei Kelly – i ragazzi li chiamavano zio Russell e zia Edie – e gli americani vogliono a ogni costo ricambiare l'invito a palazzo invitando a loro volta Ranieri negli Usa. Viaggio che, come i fatti dimostreranno, il principe non vedeva l'ora di avere la scusa per fare. Così, comunica a Grace che prima della fine dell'anno sarà negli Stati Uniti (ufficialmente per una visita di routine e un check-up medico) e che potranno rivedersi. Se il principe ha sperato di incontrarla subito al suo arrivo negli States, lo aspetta una delusione: Grace infatti è impegnata sul set e solo due giorni prima di Natale, il 23 dicembre, prende il volo per tornare a Philadelphia.

GRACE - *Affari di Stato*

Ranieri, accompagnato da padre Tucker e dal dottor Donat, si presenta a casa Kelly la sera di Natale. Qualche imbarazzo sui saluti – ma lui invita tutti a chiamarlo per nome – la cena, e poi la sorella Peggy invita Grace e Ranieri a casa sua, dove giocano a carte fino a tardi. Pa' Kelly accompagna padre Tucker al treno e torna a casa con la sconvolgente notizia: il sacerdote ha tastato il terreno per un'eventuale proposta di matrimonio del principe. Sempre pragmatica, ma' Kelly risponde al marito: «Sarà meglio chiedere a Grace che cosa ne pensa». Ma non riesce a trattenersi dall'esclamare: «Io, la moglie di un muratore, che do in sposa mia figlia a un principe!».

Il giorno successivo Ranieri e Grace sono ospiti dell'altra sorella, Lizanne, che non aveva partecipato alla cena di Natale. «Che cosa ne pensi di lui?» le chiede Grace. «Ci stiamo per fidanzare.» Lizanne per poco non cade dal divano. Non lo conosceva quasi: come poteva pensare di sposarlo? Il 27 Ranieri e Donat accompagnano Grace a Manhattan, dove lei deve prepararsi per il nuovo film, *Alta società*. I due passano insieme tutto il tempo libero, e la stampa comincia a notarlo. A un collega che le chiede quando si deciderà a fare una dichiarazione sul suo legame con il principe, lei risponde: venerdì. Ed è di venerdì, il 6 gennaio, che, qualche attimo prima a Monaco per radio, qualche attimo dopo a New York, l'annuncio del fidanzamento diventa pubblico, e viene festeggiato il 10 in una serata di beneficenza al Waldorf Astoria. Nella continua sovrapposizione tra fiction e realtà che ha caratterizzato l'ultimo periodo della sua vita, alla festa di fidanzamento Grace si presenta con un sontuoso abito che è uno dei costumi di scena per *Alta società* (la casa di produzione le farà omaggio dell'intero, elegantissimo guardaroba). Scelta comprensibile, per motivi economici e pratici, ma comunque significativa di come trama della vita e del film si intreccino strettamente.

Rimangono però da definire una serie di questioni, tutte di difficile composizione. Innanzitutto gli avvocati di Ranieri redigono un contratto matrimoniale che prevede la divisione dei beni: pratica abbastanza diffusa in Europa, soprattutto nelle famiglie facoltose, ma quasi inconcepibile negli Usa. Ancor più difficile da comprendere, per il rigido pa' Kelly, è la richiesta del principe di una cospicua dote. Ma come, il sovrano non è ricchissimo di suo? Chi è questo principe di non-so-dove che viene qui a portargli via la figlia e si permette di esigere anche del denaro in cambio? Interminabili riunioni fra avvocati, da cui pa' Kelly ogni tanto fugge borbottando improperi, portano alla fine a un accordo, e se non è provato che la dote sia stata di due milioni di dollari come ritengono alcuni, è comunque certo che una dote fu pagata, così come è certo che Grace si impegnò a contribuire alle «spese di casa».

Più misteriosa ancora è la faccenda della visita che avrebbe dovuto certificare la fertilità di Grace. Sono in molti a testimoniare che vi sia stata, citando addirittura l'imbarazzo e le scuse di Grace per la virtù perduta, mentre Ranieri ha sempre negato – anche se con una ricchezza di dettagli sull'inattendibilità delle indagini ginecologiche dell'epoca quantomeno sospetta.

Rimane la questione della cerimonia. Ma' Kelly lascia intendere a Ranieri che le nozze si dovranno svolgere a Philadelphia, perché l'uso è che la famiglia della sposa si occupi di tutto. Ranieri accetta, ma quando capisce che i monegaschi insorgerebbero, torna sui suoi passi: le nozze a Monaco, in fondo, sarebbero una straordinaria mossa di promozione per il principato, che avrebbe potuto attirare turisti e curiosi numerosi e per parecchio tempo. Ma' Kelly deve capitolare; come ultima concessione, la famiglia Kelly e settanta fra parenti e amici approderanno a Monaco (pa' Kelly si fa carico di tutte le spese) a bordo di una grande nave, la *Constitution*. La conferenza stampa per l'annuncio del fidanzamento, che gli ignari Kelly hanno concesso di tenere in casa loro, è la prima, timida avvisaglia dell'assalto che i giornalisti daranno alla coppia da ora in poi. Grace sfoggia il sontuoso anello della promessa, un gigantesco diamante taglio smeraldo circondato da altri diamanti (quando chiederà alla casa di produzione di poterlo sfoggiare in *Alta società*, sempre per quell'incredibile incrocio fiction/realtà che è la storia fra Ranieri e Grace, quasi nessuno riuscirà a credere che un diamante di quelle dimensioni possa essere vero). Gli sposi promessi sono emozionati; i Kelly terrorizzati dalla folla di cameramen, fotografi e giornalisti che ha letteralmente invaso la casa (la sorella, incinta, viene allontanata per paura che possa essere schiacciata dalla folla), ma alla fine il più scocciato è Ranieri, che sbotta: «Non sono mica proprietà della Mgm».

Dal loro primo incontro sono passati sette mesi; fra loro sono circolate numerose lettere e altrettanto fitte telefonate; ma hanno trascorso insieme soltanto una manciata di giorni, un breve periodo durante il quale sono stati quasi sempre braccati dalla stampa. E già si devono separare di nuovo.

GRACE - *La maledizione dei Grimaldi*

La leggenda narra che Ranieri I, avo del nostro Ranieri (III), vissuto a cavallo fra il XIII e il XIV secolo, fosse un grande e coraggioso navigatore; era ammiraglio di Francia e, come ogni vero marinaio, aveva una donna in ogni porto. Pare anche avesse rapito, per farne la sua amante, una bella ragazza fiamminga. Poi, quando se ne era stancato l'aveva lasciata. La ragazza, in seguito, si era trasformata in una strega e, per lenire il dolore dell'abbandono, nonché per vendicarsi, aveva lanciato contro l'ex amante una maledizione: che nessun Grimaldi potesse trovare felicità nel matrimonio. In effetti, le precedenti unioni della stirpe erano tutte sfociate in difficili convivenze o separazioni travagliate. In un'intervista, un divertito Ranieri commenta il fatto che nessuno creda al suo amore per Grace, alla solidità della loro relazione, alla durata del loro matrimonio: «Li abbiamo spiazzati tutti; abbiamo smentito persino la maledizione dei Grimaldi».

DIANA - *L'errore di Carlo e Camilla*

Anche dopo il matrimonio di Camilla, Carlo non riesce a dimenticare la ormai signora Parker Bowles e continua a fare lo scapolo impenitente, alla ricerca di ogni tipo di gonnella. Nessuna gli si nega, anche se molte rimangono davvero sconcertate dal suo comportamento che descrivono con dovizia di particolari ai giornali dell'epoca.

Spiega nelle sue memorie Stephen Berry, valletto personale di Carlo: «Sembrava incapace di innamorarsi di nuovo e per questo trattava la maggior parte delle ragazze nel peggiore dei modi. Venivano invitate a cena e ci si aspettava che passassero la notte lì. La mattina dopo, tuttavia, era una macchina a riportarle a casa; Carlo non voleva che restassero a lungo e meno che mai a colazione. Le usava e lo sapeva».

Sarah Spencer, sorella di Diana, viene scartata perché anoressica e troppo focosa. Lady Anna Wallace lo pianta in tronco dopo una serata danzante dove lui l'ha lasciata a fare da tappezzeria per ballare tutta la sera con Camilla. Lo stesso fanno Lady Jane Wellesley con la quale si era sfiorato il fidanzamento ufficiale, Giorgina Russell e Jane Ward. Tutte spiegano a chiunque voglia ascoltarle che a letto Carlo non è un granché, che preferisce il buio alla luce e non ha un briciolo di fantasia.

Lord Mountbatten, che per lui è come un secondo padre, un amico e un confidente, figura opposta a quella autoritaria del duca di Edimburgo, spera che Carlo sposi Lady Amanda Knachbull, una sua nipote all'epoca, però, ancora troppo giovane. Il gentiluomo aspetta così con pazienza che il nipote transiti prima da Camilla e poi dagli altri letti per impalmare, infine, a tempo debito la ragazza.

È proprio la sua morte, tuttavia, a riavvicinare in maniera definitiva i due amanti.

Quando nel '79 Lord Mountbatten salta per aria con la sua barca per mano dell'Ira, Carlo disperato cerca Camilla, il cui marito è in Rhodesia per lavoro, e la storia d'amore riprende alla grande con la complicità degli amici e degli stessi membri della famiglia reale, contenti di saperlo «sistemato» con una donna discreta e lontana dai tabloid scandalistici, sicuri che, al momento del matrimonio, sarebbe discretamente scomparsa dalla sua vita.

Mentre Diana è quindi ai primi passi di libertà, indecisa e dolce, persa nella ricerca dello sposo ideale che nella sua mente coincide sempre di più col principe di Galles, Carlo vive una tempesta sentimentale.

La donna che ama è ormai sposata a un altro; lui stesso deve sposarsi, ma non c'è donna che gli interessi realmente. Gli obblighi dinastici – unica legge suprema della sua famiglia – lo vogliono accasato e pieno di figli per dare seguito alla regale stirpe e proteggere il trono. Lui non sa dove trovare una moglie in grado di sostituire Camilla. E neanche di se stesso sa che cosa fare.

È cresciuto in un ambiente dove l'arte, la musica, l'architettura significano soltanto monumenti da inaugurare o concerti cui presenziare. Lui ama leggere, meditare, dipingere, viaggiare ma, tranne Camilla e pochi fidatissimi amici, nessuno nella sua cerchia nemmeno lo immagina. Fare trapelare all'esterno questo aspetto delicato del suo carattere gli richiede uno sforzo tremendo. Del resto non si può pretendere che un ragazzo vestito e spogliato da un valletto, chiamato Altezza Reale fin dalla culla, abbia le capacità pratiche e di autoanalisi di un coetaneo allevato in maniera normale.

Così, quando a trentatré anni padre e madre gli fanno il discorso serio sulla necessità di accasarsi e dare seguito alla dinastia (e intanto la relazione con Camilla durava da dieci anni) e i tabloid impazziscono per trovare la fidanzata del principe di Galles, è un uomo profondamente in crisi riguardo a se stesso, ignaro della vita, abituato a comandare a bacchetta e a venire per primo dopo la regina in tutte le cerimonie, quello che si incontra con una biondina dolce non più sicura di sé di quanto lo sia lui, ma sicuramente dotata di un germe di narcisismo che doveva diventare gigantesco. Un potenziale esplosivo.

DIANA - *La scelta dell'agnello*

Ma qual è l'insieme di cause che fa di una ragazza di diciannove anni un agnello da sacrificare sui gradini del trono d'Inghilterra?

La sposa deve essere nobile e senza storia, ovvero illibata, requisiti che spingono l'età della ragazza ben al di sotto di quella di Carlo. Il Paese preme, avido di una principessa di Galles da cartolina, tale da eclissare la bruttezza dei cappellini della regina e della regina madre e la durezza della principessa Anna. Alle nozze di Lady Jane Spencer con Robert Fellowes, Diana è la damigella d'onore della sorella e in quell'occasione la nonna, Lady Fermoy, decide di presentarla alla regina madre.

I destini di Carlo e Diana cominciano a convergere verso il punto d'unione.

Diana è già abbastanza graziosa, ma priva di stile e del tutto ingenua. Non ha mai avuto fidanzati, ma l'idea di sorpassare la sorella Sarah entrando nelle grazie del principe di Galles la intriga molto. Così accetta una serie di inviti a feste e a picnic cui partecipa Carlo (anche Camilla). L'entourage reale comincia a notarla e si adopera perché la noti pure il principe.

L'assenza di passato, l'antichità del lignaggio, la gioventù e l'aria tipicamente inglese, oltre alla fama di semplicità e modestia sono qualità pressoché introvabili in un'altra. Mentre Diana, dunque, inizia a focalizzarsi su Carlo, l'intera società che ruota attorno al principe di Galles la aiuta.

Carlo deve sposarsi e cerca la ragazza giusta conscio dei suoi doveri dinastici; Diana vuole sposare Carlo e diventare principessa. Così facendo supererebbe in un balzo tutta la famiglia che l'ha tanto trascurata, le sorelle, la madre scappata in Scozia. Ritiene, inoltre, per inesperienza giovanile, di potere conquistare Carlo senza difficoltà solo facendo ricorso a qualche astuzia e a molto riserbo. Così rifiuta inviti a cena e tutto quanto può essere compromettente, mentre gli fa credere di avere esattamente i suoi interessi: pesca, equitazione, musica classica, campagna. Lo agguanta parlandogli dei funerali di Lord Mountbatten e di quanto lo avesse visto triste, assecondando l'egocentrismo di lui; si lascia invitare a Balmoral e cammina con lui in campagna partecipando a noiose giornate di pesca.

DIANA - *Tecniche e tattiche*

La sua gioventù e freschezza, oltre alla totale dedizione che gli dimostra, catturano l'interesse di Carlo che sa di dovere comunque trovare una sposa degna del trono di Inghilterra. Così per sei mesi si frequentano restando soli pochissime volte e vanno verso il fidanzamento senza conoscersi bene da nessun punto di vista.

Un esempio per tutti? Nei mesi che precedono l'annuncio delle nozze Diana evita accuratamente i contatti con la stampa, che sarebbero poi diventati il suo passatempo preferito, né fa mai scenate di gelosia. Per la verità, non si accorge neanche della costante presenza di Camilla. Se la cava a Balmoral, finendo per incantare anche la regina e quando la stampa la scova nell'asilo in cui insegna, fotografandola con la celebre gonna trasparente, si comporta senza alcun imbarazzo, con grande soddisfazione di Carlo che considera i tabloid i suoi peggiori nemici.

Flirtano fino a quando lo scandalo del treno reale – i

tabloid scrissero di avere visto il principe e una bionda di notte (Camilla probabilmente, ma non si è mai saputo con certezza) – non spinge il principe Filippo a perorare la causa delle nozze.

Carlo si trova in un'impasse. Non è ancora abbastanza maturo per rispondere al padre di farsi gli affari suoi né abbastanza conscio dei suoi sentimenti per capire che della giovane e fresca Diana è solo infatuato, non innamorato. Avverte dei pericoli, come la differenza d'età, e non è proprio convinto che i loro gusti siano gli stessi ma, se ci ripensa, l'amor proprio torna a convincerlo che la giovane è pazza di lui e che lui, be', ne è molto innamorato, qualsiasi cosa significhi la parola amore.

La stampa, intanto, è impazzita a causa di qualche foto rubata qua e là, così come l'opinione pubblica che vede nella giovane Diana Spencer il perfetto prototipo della principessa britannica. In pantaloni, stivali da pesca e grande golf peruviano è una ventata di allegria nelle nebbie di Balmoral, negli abiti londinesi invece è una perfetta ragazza cittadina. Una vera rosa inglese, creata apposta per avere tanti bambini e sorridere durante le inaugurazioni di ospedali, scuole, navi e altro.

Le pressioni dei media si fanno fortissime, rafforzando l'opinione che si è venuta a creare nella testa di Carlo. Camilla la pensa come lui e non vede in Diana un pericolo per la loro relazione. Gioventù e allegria fanno il resto fino al fidanzamento, il 25 febbraio del 1981, accolto con sollievo dalla regina e dal duca di Edimburgo e da un'ondata di fanatismo nel Paese che esulta per la giovane Lady.

Il corteggiamento, un segno che solo il tempo avrebbe spiegato, avviene per la maggior parte a Bolehyde Manor: ovvero la residenza di Camilla e Andrew Parker Bowles, che ospitano spesso i due quasi fidanzati. La dichiarazione, invece, avviene a Buckingham Palace nella ex nursery reale. Il luogo adatto a una sposa bambina.

Inutile dire che, in entrambi i casi, Diana non si accorge di nulla.

Nelle amarissime memorie dettate a Andrew Morton, infatti, ricorda il periodo del corteggiamento come l'unico in cui il fantasma di Camilla non l'abbia perseguitata, anche se la donna che guidava Carlo passo per passo era sempre presente accanto a loro, come testimoniano le poche foto del periodo.

Sono stati versati fiumi di inchiostro per raccontare la vita di Diana sacrificata a un matrimonio dinastico senza amore dal crudele Carlo che cercava solo una principessa di Galles per ottemperare ai suoi obblighi dinastici. Si è detto poco invece sulle tecniche con cui Diana lo ha circuito per farsi impalmare.

Per tutto il periodo del corteggiamento e del fidanzamento, Carlo è tenacemente convinto di avere accanto una giovane innamorata della caccia, della pesca e dei pantani della campagna inglese. La ragazza non ama invece andare a cavallo, cosa abbastanza disdicevole, ma è pronta a rimediare. Carlo crede che Diana ami la musica classica, le serate intime e che detesti apparire in pubblico. L'attrazione c'è. Nozze e convivenza faranno il resto, trasportandolo dall'attuale confusione amorosa a un matrimonio conveniente e felice.

Il risveglio di Carlo sarà amaro, almeno quanto quello di Diana di cui si è tanto scritto. Il principe credeva di sposare una donna con cui era altamente compatibile e si ritrova accanto un'innamorata della città e della musica rock, che adora lo shopping e odia la campagna. Una donna ideale per apparire in fotografia e per oscurarlo con la sua magnifica statura e i grandi occhi azzurri, mettendo in secondo piano sia i suoi interessi sia il suo operato per la nazione.

Carlo riteneva che Diana avesse nervi d'acciaio, ciò che ci vuole per vivere secondo i crismi della famiglia reale, e si trova davanti una ragazza emotivamente fragile e troppo giovane per le incombenze del suo nuovo ruolo.

Per l'aspirazione a diventare principessa, per infatuazione, per l'adolescenziale convinzione di riuscire a cambiarlo e fargli dimenticare i vecchi hobby, Diana inganna Carlo profondamente, almeno quanto lui fa con lei sulla forza dei suoi sentimenti. Ignaro com'è delle difficoltà della vita, pensa di potere rompere con Camilla in qualsiasi momento trasformandosi in un perfetto sposo fedele subito dopo il fatidico sì nella chiesa di Saint Paul.

Carlo è sicuramente infatuato della ragazza e della totale dedizione che lei gli dimostra, ma in certi momenti il peso della decisione lo spiazza. Dentro di sé, però, si fa forza. Tutti sembrano pazzi per Diana: i suoi genitori, la stampa, il popolo. È graziosa e affettuosa, giovane, sana, dedita. Lei, d'altro canto, sembra pazza di lui. Come non sposarla?

I dubbi che lo attanagliano spingono Carlo a una certa rigidità affettiva nei confronti di Diana che, invece, ha un'indole espansiva.

In questo senso l'influenza della ragazza sul principe è, prima, durante e dopo le nozze molto forte. È lei a liberarlo dall'onnipresente giacca e cravatta, a farlo vestire da uomo giovane, a farsi baciare, a convincerlo a ballare in pubblico. Lo spinge a rinnovarsi e manterrà la parola data nel corso delle loro conversazioni prematrimoniali riguardo ai figli. Che alleverà a modo suo, lontano dalle antiquate usanze vittoriane della vita di corte.

Ancora oggi che i ragazzi sono grandi, Carlo dimostra di avere assorbito la lezione umana della giovane Spencer. Da vedovo, ha fatto il possibile perché venissero tirati su nel modo desiderato dalla madre. E qualche volta si lascia andare anche a gesti affettuosi verso di loro e la seconda moglie Camilla. Una lezione imparata proprio da Diana.

DIANA - *L'anello*

Diana dà un forte segno del suo egocentrismo quando si tratta di acquistare l'anello di fidanzamento che viene scelto dal catalogo inviato da un gioielliere. Lo vuole grosso, enorme addirittura, così vistoso da diventare il centro di tutte le foto del fidanzamento ufficiale. Un gioiello per mettersi in mostra, per dimostrare di avere fatto un colpo grosso e farsi invidiare dalle altre donne.

Si tratta di un pezzo di gusto classico: un enorme zaffiro, contornato da diciotto diamanti da un carato, montato in oro bianco, un anello del tutto inadatto a una ragazza della sua età e del tutto irrituale come dono, vista la magnifica collezione di gioielli di famiglia Windsor. Costa quasi trentamila sterline, e il suo prezzo lascia di sasso persino la regina Elisabetta.

Diana lo vede, lo vuole, lo avrà: e ancora oggi scintilla nelle foto del fidanzamento, sia in quelle che fecero seguito all'annuncio del matrimonio in cui la ragazza indossa un atroce completo blu avion e camicetta con fiocco gusto signora Thatcher che la fa sembrare una hostess, sia in quelle più rilassate in cui un Carlo finalmente in camicia azzurra, abbraccia sorridendo la ragazza dei sogni degli inglesi.

Il 24 febbraio 1981, dunque, davanti a una nazione in festa e ai reali che per una volta non nascondono la contentezza, Carlo rivolge a Diana qualcosa che assomiglia a un complimento: «Sono commosso che una ragazza come lei abbia accettato di sposarmi» incontrando la simpatia di tutti. Però alla domanda se sia innamorato risponde col terribile «Sì, qualsiasi cosa significhi la parola amore».

Neanche un grande scrittore avrebbe potuto sintetizzare meglio i disastrosi eventi futuri.

Con l'annuncio del matrimonio, previsto per il 29 luglio del 1981, Diana lascia la sua casa da single nel cuore di Londra e si trasferisce a Buckingham Palace, vicino a Carlo, per essere addestrata ai suoi futuri compiti. E lì iniziano i guai.

L'arrivo a palazzo

GRACE - *La finestra sulla corte*

Contrariamente a quello che accadrà anni dopo a Diana, Grace, dalla sua partenza da New York all'arrivo a Montecarlo, ha qualche giorno prima di arrivare a corte per riflettere su ciò cui sta andando incontro. «Sono partita con la nebbia» ricorda «e quella nebbia mi sembrava quasi l'immagine dell'incertezza del mio destino.» Sulla *Constitution* viaggiano con lei famiglia e amici. Giorni sereni, in cui è raggiunta da frequenti, affettuosi messaggi di Ranieri. Giorni di vuoto, nell'immensità del mare, a riflettere su quello che lascia e su quello che troverà. Il suo arrivo a Monaco è decisamente scenografico. Il *Deo Juvante*, il piccolo yacht di Ranieri, accosta la grande nave per accogliere la sua fidanzata. Grace ha gli occhi ingigantiti dall'emozione, una robe-manteau blu e un enorme cappello bianco che, se risponde perfettamente alle esigenze delle foto, ammorbidendo la luce sul viso, impedisce ai suoi sudditi di scorgerlo. La scelta di quel cappello bianco innocuo benché professionalmente utile, le verrà rinfacciato per anni dai monegaschi. Scendendo sulla passerella da una nave all'altra, Grace stringe al petto il suo cagnolino, come a difendersi con qualcosa di veramente suo, di conosciuto e familiare, nell'impatto con una realtà tutta nuova. Del suo regno sa poco di più di quello che ha letto sui giornali nelle cronache del suo fidanzamento; non ne parla la lingua, che imparerà a fatica e con cui non si troverà mai completamente a suo agio. I monegaschi sono assiepati al porto o sulle decine di piccole imbarcazioni che si affollano attorno al *Deo Juvante*, curiosi di vedere questa regina di Hollywood che sta per diventare la loro principessa. Curiosità senza dubbio esasperata dal fatto che Ranieri ha proibito le proiezioni dei film di Grace nel regno; con l'unico risultato che tutti quelli che ne avevano la possibilità varcavano la frontiera – quella frontiera che, per dirla con Colette, era fatta solo di fiori – per andarli a vedere in Francia. E familiarizzare, così, almeno indirettamente, con la loro nuova principessa.

DIANA - *La prigioniera del castello*

Per quanto Diana sia cresciuta in una grande tenuta e non sia affatto la Cenerentola descritta dai giornali, il suo impatto con Buckingham Palace, nel suo apprendistato per le nozze, è scioccante.

A soli diciannove anni – venti li avrebbe compiuti poco prima del sì – deve rinunciare alla sua auto, alla libertà di movimento, a un cinema o un teatro in compagnia. Il suo abbigliamento e l'aspetto fisico vengono analizzati al microscopio, non è più padrona dei suoi orari e nemmeno della scelta del cibo. In più, se aveva sperato di potere vedere Carlo in ogni momento, è duramente delusa.

La vecchia, ammuffita etichetta di corte stringe il collo della ragazza in mille spire soffocanti. Diana scopre che Carlo (che continuava a chiamare Sir) ha il suo appartamento, la sua servitù e i suoi tempi; e che lei, in quanto fidanzata, non ha nemmeno libero accesso alle sue stanze, perché prima deve chiedere il permesso al valletto del principe, Stephen Barry. Come se non bastasse, le è assolutamente impossibile anche vederlo a pranzo o per un tè senza una lunga trafila burocratica che – da fidanzata e con ragione – trova profondamente umiliante. Per incontrarlo deve fargli recapitare un biglietto con un invito cui lui risponde solo dopo avere controllato la sua agenda.

La regina le invia Lady Susan Hussley (la sua dama più fidata) per instradarla agli usi della corte; ma, come era prevedibile, fra le due non scocca la minima empatia. Carlo è spesso fuori, ha un'agenda fitta di impegni che non si sogna di modificare per le esigenze della giovane fidanzata. Quello è il suo lavoro, quella la sua vita, ed è meglio che lei se ne renda conto da subito. Accanto a Diana, in questo momento che lei sognava di vivere stretta a Carlo, c'è solo sua madre, Lady Frances, che la accompagna per tutta Londra per acquistare gli abiti adatti alla futura vita da principessa di Galles e un corredo matrimoniale che non sfiguri davanti alla biancheria di casa Windsor. Sarà uno dei pochi momenti di armonia tra madre e figlia, perché mano a mano che l'infelicità di Diana cresce, si fanno più frequenti le discussioni anche fra loro. Lady Frances vede nel matrimonio della figlia la tragica ripetizione del proprio e – a differenza dell'ex marito, orgogliosissimo del futuro della figlia come regina d'Inghilterra – spera nella rottura del fidanzamento. Diana non vuole neanche sentirne parlare, mentre la bulimia si impossessa di lei sempre di più. Quando ha un accesso di nervosismo ingurgita tutto ciò che trova in cucina; poi, pentita, corre in bagno a vomitare tutto.

Così, piano piano, Diana perde anche la compagnia e l'appoggio – se non sostanziale, affettuoso – della madre, mentre Carlo continua a latitare e le incombenze ufficiali si infittiscono.

Non ha neanche vent'anni ma già la corte, quella che lei chiamerà poi ironicamente «The Firm», la ditta, esige che lei si adatti alla vita di una principessa. Dopo l'abbandono della madre, Diana spera di potere contare sull'aiuto della regina, la quale, però, se anche ne avesse avuto la sensibilità, ha ben altro per la testa che non i capricci di una ragazza troppo cresciuta (come sempre li giudicherà), recalcitrante a adattarsi al suo più che invidiabile futuro di regina.

La sua faccia e i suoi vestiti vengono analizzati dall'intera nazione che non le nega tributi e ammirazione. Ma quanto più cresce l'innamoramento degli inglesi per la fidanzata reale, tanto più aumenta l'angoscia di Diana per il proprio aspetto fisico.

DIANA - *Paure e sospetti*

Diana è di bella statura, con gambe lunghe e ben tornite e un seno abbondante che doveva, attraverso il celebre abito nero della serata dell'incontro con Grace di Monaco, diventare a sua volta celebre, ma non è tranquilla riguardo al proprio aspetto. Sentirsi costantemente sotto la lente di ingrandimento, come è comprensibile, la innervosisce.

Pensando di farle un complimento, Carlo la definisce spesso morbida. Dall'affettuoso «morbida» a «grassa», nella mente di una ragazza sotto pressione il passo è breve e i disturbi alimentari, di cui Diana aveva sempre sofferto, si aggravano.

In poco tempo la rosa inglese dall'incarnato perfetto diventa una donna nervosa e bulimica che partecipa come un automa alle cerimonie a cui è suo dovere presenziare e, mentre fa sognare un'intera nazione, vive in assoluta solitudine un terribile incubo.

Carlo, che al di là dei sentimenti per Camilla indubbiamente le vuole bene, vedendola dimagrire giorno dopo giorno si preoccupa e crede di dover ricorrere a un intervento medico. La regina, però, gli fa notare che non si tratta altro che di una reazione alla situazione, che la giovane deve abituarsi a quello che sarebbe stato il suo compito e che la cosa si risolverà da sé.

Diana mangia e vomita, va alle inaugurazioni, raccoglie gli applausi con un sorriso, ma quando rimane sola, si rifugia nel pianto. Si sente sperduta dentro a una vicenda più grande di lei. Inoltre inizia a sospettare che Camilla Parker

Bowles sia qualcosa di più che un'amica per il fidanzato e che la sua onnipresenza abbia un significato diverso da quello che appare.

Camilla, infatti, sembra al corrente di tutto quello che le accade, cerca di consigliarla, di prenderla per il verso giusto ma Diana non si fida di lei. Del resto, col senno di poi, come darle torto?

Per consolarsi frequenta i domestici e le cucine – evento inaudito prima di allora a palazzo – cerca lì quel calore umano che le viene negato.

In quel periodo, anche se commette il grave torto di confondere il ruolo di principe di Galles con la persona, Diana è una giovanissima e indifesa ragazza catapultata improvvisamente cento anni indietro nel tempo.

Siamo nel 1980, ma Diana deve attendere che un valletto risponda al telefono invece che alzare la cornetta quando suona, inviare un biglietto per chiedere al fidanzato di vedersi invece che chiederglielo di persona nello studio che, oltretutto, è situato nello stesso palazzo; davvero pratiche inaccettabili per una giovane che, fra l'altro, è andata incontro al futuro con la certezza di vivere una grande fiaba d'amore. A cui, fuori dal palazzo, tutti vogliono credere.

Vestita con gli improbabili abiti dei sarti di corte – gonne a ruota, marinarette di vari colori, cappellini fiorati con velette – Diana fa comunque sognare.

I vestiti ne nascondono la crescente magrezza, i truccatori le ingigantiscono i già grandi occhi azzurri, regalandole profondità da stella dello spettacolo. I modi semplici, la capacità di sorridere, di abbracciare i bambini, le stesse lacrime pubbliche ogni volta che Carlo parte – quelle stesse lacrime giudicate così seccanti a corte – ne fanno, giorno dopo giorno, l'idolo degli inglesi.

Le ragazze si pettinano come lei e copiano (in versione economica, ovviamente) l'anello di fidanzamento, vengono indetti concorsi per cercare la «vera sosia di Lady Diana». La sua faccia è sui souvenir, sui tovaglioli, nelle vetrine e se, come spesso accade, finisce in prima pagina, fa aumentare le tirature. Il che, in un circolo virtuoso/vizioso che Carlo avrebbe poi imparato a temere, fa sì che il suo sorriso e il suo sguardo ammicchino sempre più spesso dai tabloid, che ci sia una notizia o meno.

Se Diana fosse stata un po' più superficiale avrebbe tenuto per sé il lato buono della vicenda, infischiandosene del resto, ma non lo è, né può contare sull'aiuto di Carlo. Il quale, a parole, è pieno di sollecitudine, ma di fatto esige che lei si comporti come la futura regina degli inglesi a soli due mesi dal fidanzamento.

Non comprende – né può farlo, per temperamento, educazione, contesto – la necessità di dare tempo alla giovane Lady per adattarsi alla vita di corte, né gli passa per la testa di sospendere un impegno per lei o di provare a portarla in un posto più adatto per due fidanzati di una reggia nel centro di Londra.

A corte, per Carlo, non manca nulla. Diana alla fine si sarebbe adattata e, per confermarle la sua stima, le affida l'incarico di arredare la loro futura casa di Kensington, senza minimamente interessarsene. Decisamente troppo per una ragazza che sta vivendo un duro apprendistato da regina a un'età in cui le altre vanno a ballare ogni sera e si fanno ancora scegliere i vestiti dalla mamma.

DIANA - *Un regalo di troppo*

All'arrivo a palazzo, a Diana viene messo a disposizione un piccolo ufficio da condividere con Michael Colbourne, il responsabile finanziario del principe. Ed è lì, mentre le nozze si avvicinano lente ma sicure, che arriva un pacchettino che Lady Diana si precipita ad aprire, malgrado le proteste del valletto. Si tratta di un bracciale in oro con le iniziali F e G che si intrecciano (Camilla e Carlo si erano dati gli affettuosi soprannomi di Gladys e Fred).

Se si calcola che il Natale precedente Carlo ha regalato a Camilla una preziosa collana e a Diana un libro e un maglione, e che la giovane era circondata da migliaia di sussurri su Camilla oltre a notizie precise su mazzi di fiori inviati con regolarità da Carlo (divideva l'ufficio con chi li ordinava materialmente), si capisce perché, dopo avere constatato che il pacchetto non è per lei, scoppi il finimondo. Se prima usciva dalla stanza quando i due parlavano al telefono (sebbene le chiamate le sembrassero troppe) fingendo di credere che si trattasse solo di una buona amicizia, il braccialetto le apre (parzialmente) gli occhi.

Tra i due c'è stato del tenero. E Carlo tenendoglielo nascosto, non solo ha ferito i suoi sentimenti, ma le ha fatto anche fare la figura della scema.

Si è fatta accompagnare per commissioni, ha fatto il tifo

alle partite di polo, è andata a pranzo con... la «fidanzata» del suo fidanzato. Comincia a capire chi era la misteriosa bionda del treno reale che i tabloid avevano identificato in lei. E poco le importa che il passato sia alle spalle, ora vuole delle spiegazioni.

Finalmente Diana ha capito: nella sua mente non solo è chiaro che Camilla ha contato molto per il suo principe azzurro, ma che ogni suo gesto viene paragonato a quelli di lei. Ansiosa, stressata e bulimica, in Diana cresce l'ossessione dell'altra che la perseguiterà fino a dopo il divorzio.

Anche in questo caso la versione agiografica che oggi riguarda Carlo e Camilla vuole che nel periodo del fidanzamento e nei primi cinque anni del matrimonio Carlo non abbia avuto alcuna relazione fisica con Camilla, limitandosi a frequentarla come amica. Il problema era la sua dipendenza da lei, che lo portava a telefonarle a tutte le ore del giorno, a scriverle nel tempo libero e a occuparsi solo di lei alle feste. Poteva non andarci a letto, ma non poteva stare senza di lei.

Quando Diana lo capisce mancano due settimane alle nozze e uno scandalo non è pensabile.

La futura principessa piange, si agita, vomita, parla con le sorelle Sarah e Jane finché arriva a convincersi che, col matrimonio, Carlo chiuderà definitivamente con la signora Parker Bowles e che la felicità inonderà la sua famiglia.

In fondo non è lei la fidanzata ideale non solo di Carlo ma di tutti gli inglesi? Non è più giovane e più carina della banale Camilla? Non sarà lei la madre del futuro re di Inghilterra? Diana si racconta di continuo queste cose per reggere lo stress che la scoperta scioccante le ha procurato. Crede nella convivenza, spera che vivere insieme farà dimenticare Camilla al suo principe azzurro.

«Avevo speranze straordinarie nel cuore» confesserà poi nella sua biografia ufficiale *Diana, la sua vera storia* a Andrew Morton, l'autore.

Speranze mal riposte, come dimostrerà il resto della sua vita.

Viaggio di nozze

GRACE - *Luna di miele...*

Dopo il sì, Grace e Ranieri festeggiano con seicento ospiti nel cortile del palazzo; lui taglia la torta nuziale alta cinque piani con la spada, lei va a cambiarsi e a salutare le damigelle e la famiglia. Nel pomeriggio avanzato Grace, in un semplice tailleur, cappellino bianco e l'inseparabile cagnolino Olivier (regalo di Cary Grant) in braccio, sale con Ranieri a bordo del *Deo Juvante* per il viaggio di nozze. La nave che salpa verso il tramonto, un vero e proprio finale hollywoodiano... In realtà i due sposi sono esausti, il mare è agitato; la barca non è un transatlantico, e Grace non è mai stata una grande navigatrice; così, appena girato il capo, appena fuori dalla vista, il *Deo Juvante* getta l'ancora e si ferma per la notte. La finzione, per la prima volta, deve lasciare il posto alla concreta realtà.

Dopo il mal di mare, Grace deve affrontare una leggera influenza, forse dovuta alla stanchezza provocata dal tour de force dei giorni delle nozze. Infine, i due sposini riescono a godere di un po' di intimità, delle spiagge della Spagna, dei loro primi (e, ma loro ancora non lo sospettano, ultimi) giorni di relativa serenità, come una coppia quasi normale, godendo del mare, del sole e della reciproca compagnia. Il rientro a corte non sarà altrettanto idilliaco.

DIANA - ... *e luna di fiele*

Anche Carlo e Diana affrontano il viaggio di nozze esausti. Dopo l'immenso e lunghissimo ricevimento che è seguito alla cerimonia la coppia, stanca oltre ogni limite, si rifugia nell'Hampshire a Broadlands, nella casa che è stata di Lord Mountbatten e in cui Carlo ha trascorso centinaia di weekend clandestini con Camilla.

Serve a entrambi un po' di tempo per riprendere fiato e iniziare la crociera sullo yacht *Britannia* nel Mediterraneo, il vero e proprio viaggio di nozze, a cui sarebbe seguito un lungo soggiorno a Balmoral.

Per quei tre giorni in cui avrebbe dovuto passare il suo tempo a conoscere meglio e a intrattenersi con la sposina, Carlo si porta dietro la sua attrezzatura da pesca e i libri dello scrittore sudafricano Laurens Van der Post, suo saggista preferito nonché amico e punto di riferimento spirituale, che intende fare conoscere alla moglie leggendogliene vari passi dopo cena.

Finalmente libero da impegni, Carlo desidera così inaugurare la sua nuova vita con quella che ritiene essere la sua compagna di elezione: la futura regina degli inglesi, così bella, così simile a lui nei gusti e nell'amore per la pesca e la caccia. Una Camilla più giovane, vergine e più piacente, perfetta per mettere al mondo il futuro re d'Inghilterra.

Uno dei matrimoni più sbagliati nella storia dei reali europei stava per iniziare.

Uno dei fattori che ha portato al sì in mondovisione era la sicura verginità di Diana. Per questo la futura principessa è stata visitata dal ginecologo della regina e giudicata illibata nonché in salute e in grado di generare figli. Un'usanza barbara che da sola dice quanto di vittoriano esistesse ancora nella famiglia reale.

Ma se la giovane ha sognato di conquistare il marito e di sconfiggere Camilla proprio grazie al suo trofeo e alla gioventù, non va così.

Quello che appare chiaro, nonostante il velo di pudore che per un po' viene calato sull'evento, è che a Carlo la giovane non piace, né gli interessa che sia vergine. La prima notte di nozze è per lui «piacevole ma niente di che» come spiegherà in seguito. Trova la moglie troppo ingenua. Che cosa ci si può aspettare da una vergine ventenne?

Comunque, Carlo non si sottrae ai suoi doveri coniugali, poco o nulla preso dalla bella ragazza che gli stava a fianco, la quale nota qualcosa di strano nel comportamento del marito. Di sesso e vita coniugale non sa niente ma, come durante il fidanzamento, ha l'impressione che le cose non debbano andare in quel modo. E non sbaglia.

DIANA - *Una moglie troppo ingenua*

Nella residenza di Lord Mountbatten, Carlo le dedica pochi minuti di sesso frettoloso e privo di gioia per poi andare a pesca e leggere. A Diana sembra anomalo, e lo è. Una vera intimità di coppia non si svilupperà mai; sessualmente i due hanno poco da dirsi, tranne la necessità di mettere al mondo un mucchio di piccoli Windsor per perpetuare la monarchia. Carlo, in compenso, ogni giorno spera che Diana lo segua nelle lunghe sedute di pesca e si mette a leggerle coscienziosamente i suoi libri ad alta voce, la sera sul divano. Nei suoi momenti di ottimismo ha creduto di avere a che fare con una cera da plasmare secondo le necessità proprie e della corona. Scoprirà, invece, amaramente, che Diana è del tutto disinteressata sia alla pesca sia ai suoi volumi. Ma, specialmente, si accorgerà che la ragazza si induce il vomito in continuazione. Il suo interesse sessuale verso Diana si riduce ulteriormente.

Negli anni neri della separazione confesserà nel corso di un'intervista che Diana «puzzava sempre di vomito e di dentifricio».

Tuttavia Carlo voleva intensamente andare d'accordo con la giovane moglie e cerca a suo modo – rigido e poco empatico – di farglielo capire: con risultati disastrosi. Se i primi tre giorni di riposo vanno male, la crociera sul *Britannia* andrà solo peggio.

DIANA - *... e una disastrosa crociera*

Gli sposini, in genere, amano stare soli. Carlo e Diana si trovano in navigazione con... duecentoventi persone attorno, fra cui venti ufficiali con cui condividere pranzi e cene in abito da sera.

Impossibile, poi, attraccare come se nulla fosse e fare il bagno nelle tante isole che incontrano; dove arrivava lo yacht reale, il *Britannia*, arrivava la corona d'Inghilterra: marito e moglie devono vestirsi e prepararsi a ricevere gli ospiti, in genere capi di Stato.

Per Diana, che adora la libertà della vita di mare, anche questo è intollerabile e la rende sempre più nervosa e ansiosa. Qualsiasi speranza di intimità svanisce appena arrivati a bordo: sono sulla versione galleggiante di Buckingham Palace.

Il principe tenta di mostrarsi premuroso, la porta ad abbronzarsi, abbandona per qualche pomeriggio i suoi libri, ma Diana non reagisce: o piange o vomita allontanandolo da sé. Così, al secondo giorno di navigazione, Carlo dà ordine al suo valletto di passargli al telefono la signora Parker Bowles.

Come avrebbe dichiarato anni dopo, il carattere instabile della moglie, vittima, come tutti i bulimici, di repentini cambi di umore, lo terrorizzava. Non sa come prenderla né cosa fare: sentire Camilla e i suoi consigli funziona su di lui come un tranquillante, per un po' gli restituisce la calma.

Un erede in arrivo

Erano sole, in un ambiente estraneo, incinte non solo di un bambino, ma di un erede, l'erede al trono necessario per tenere in vita la dinastia. Inoltre, sia Grace che Diana, la prima letteralmente, la seconda in una forma più sottile ma altrettanto drammatica, non capivano il linguaggio della corte in cui erano capitate. Se il francese è ostico per Grace, l'equilibrio delicato che si è creato attorno a Elisabetta e alla sua famiglia, le logiche dell'impegno, i modi di manifestare affetto dei Windsor sono assolutamente incomprensibili per Diana. In ogni caso, ciascuna delle due principesse sta per adempiere al compito più importante per cui erano state ingaggiate: dare un erede ai troni, salvare i regni.

Nessuno riusciva a capire la solitudine di Grace, nessuno le intemperanze di Diana. Men che meno i due mariti, entusiasti delle gravidanze tempestive e accecati dalla felicità per l'atteso erede in arrivo.

GRACE - *Una marziana a corte*

Anche Grace al suo arrivo a corte, alla fine del viaggio di nozze, vomita di frequente: ma è tormentata dalle nausee perché, come ha scoperto poco dopo il ritorno dalla luna di miele, è incinta. Al contrario di Carlo con Diana, Ranieri non l'ha delusa: è un compagno divertente, un amante attento, crede nei valori in cui crede anche lei. Sono d'accordo anche nello stabilire la loro residenza a Monaco – cosa mai realizzata in pieno dai suoi predecessori, che avevano vissuto fra Parigi e le avventure per il mondo. Lui vuole vivere fra i suoi sudditi, controllare da vicino il suo regno, modellarlo secondo un suo disegno. Ma quello in cui Grace arriva, infine, a risiedere è un Paese di cui non conosce nulla, in cui, cosa più grave, non conosce nessuno al di fuori del neomarito, un Paese di cui parla molto male la lingua, cosa che le verrà sempre rimproverata. Il palazzo reale è una costruzione che risale al XIII secolo, fredda, buia, polverosa e praticamente in rovina. Non stupisce che la giovane attrice, come ogni sposina che si rispetti decisa ad arredare la sua casa di suo gusto, si faccia spedire da New York i mobili che arredavano il suo appartamento (erano per me come vecchi amici, dice) e, nella generale riprovazione, convochi un arredatore americano, George Stacey, per ricavare, nella gelida reggia, un nido accogliente per lei e la sua famigliola. Ranieri, come ogni marito innamorato, la appoggia, ma le raccomanda di stare attenta alle spese. Grace sente disperatamente la mancanza dei suoi amici, della sua famiglia, del suo lavoro; è sola: il clan Grimaldi non è esattamente accogliente, le matrone della buona società non si fanno scrupolo di parlare fra di loro sempre e solo in francese, e l'etichetta di corte le impedisce di crearsi relazioni che non siano superficiali e formali. A un amico Grace scriverà: «Mi trattano come una marziana». Una straniera, un'attrice: ovvio che i sudditi, passato il primo momento di entusiasmo, la guardino con sospetto. Mentre i giornalisti, attenti a ogni sua mossa, cercano in ogni modo di trovare una crepa nella fiaba che loro stessi hanno contribuito a creare. I sette anni di dura carriera a Hollywood non avevano abituato Grace a questo: lì c'era un copione ben scritto da rispettare, intense giornate da affrontare, ma anche uno stuolo di persone pronte ad accorrere in aiuto della star, ormai abituata a essere protagonista. Qui, nelle lunghe ore di solitudine, con il suo cagnolino Olivier, ha un ruolo tutto nuovo da imparare, di cui lei stessa deve scrivere atteggiamenti e battute; è circondata da stranieri, in un Paese straniero e in una corte in cui persino i camerieri si aspettano che lei dimostri di meritare il loro rispetto. Un ruolo da non protagonista: il centro della scena sarebbe stato occupato, da sempre e per sempre, da Ranieri e dai suoi figli. I primi due anni da principessa sono per Grace, come persino Ranieri confermerà, molto duri. Le ci vuole un anno solo per vincere la diffidenza dello staff di palazzo: ma è solo con la nascita della prima figlia che inizia a conquistare il cuore dei monegaschi. Diventata principessa prima ancora di capire che cosa potesse significare, Grace, come è da sempre abituata a fare, studia: e studiando la storia di Monaco e della Francia, a cui il piccolo regno è legato, scopre di non essere la prima americana a salire sul trono. Prima di lei c'era stata Alice, moglie di Alberto I, che aveva saputo dare un grande impulso all'opera, al teatro e al balletto. Il suo matrimonio era finito male, come molte delle unioni dei Grimaldi; Grace invece è sicura di quanto lei e Ranieri hanno in comune: uniti dal desiderio di costruire una famiglia solida, dallo stesso sense of humour, dalla lotta per la privacy e dal comune obiettivo di consolidare il regno.

A questo proposito, l'entusiasmo iniziale di Onassis per il matrimonio è destinato a smorzarsi quanto prima: Grace è un'alleata potente di Monaco, decisa, come Alice prima di lei, a promuovere la vita culturale e sociale del principato, ma anche ad appoggiare Ranieri in ogni modo nei suoi obiettivi, che sono anche i suoi, ma non quelli di Onassis. Il magnate greco vorrebbe che il minuscolo reame rimanesse un paradiso per pochi, ricchissimi privilegiati: Ranieri è deciso a farne una meta turistica per una clientela molto, molto più ampia. La stessa presenza di Grace ha attratto a Montecarlo tanti divi di Hollywood, volti noti a tutti da incontrare, e ammirare, per strada senza neanche pagare il biglietto del cinema. Se Onassis ha la maggioranza delle azioni della Société des Bains de Mer, Ranieri ha dalla sua il diritto divino di regnare. Hanno progetti diversi, ma Ranieri ha Grace come fondamentale alleata. La sua gravidanza inoltre rafforza Ranieri nei suoi propositi di ribadire il suo diritto al potere assoluto: in fin dei conti, ora, deve anche preservarlo per il suo erede.

DIANA - *Una luce nella nebbia*

Il castello di Balmoral in Scozia, con i suoi 40mila ettari di tenuta di caccia attorno, è la vera casa dei reali inglesi.

Chi lo vede da fuori ha la sensazione che gli manchi solo il fantasma per essere il luogo più deprimente del mondo, ma i reali, e soprattutto Elisabetta, lo adorano. Lì fanno cadere una parte dell'etichetta che regola Buckingham Palace, vanno a caccia, a passeggio, a cavallo, a pesca e si vestono in maniera formale «solo» a cena, quando ricevono pochi e selezionati ospiti appartenenti all'alta aristocrazia o al mondo della cultura e dell'arte.

Nella campagna scozzese la regina e il duca tornano a dormire insieme come due sposi e il duca si alza la mattina per preparare il tè zuccherato alla moglie; se si sveglia prima di lei la attende per fare colazione e leggere insieme i giornali e per stare un po' in privato. A pranzo i reali mangiano spesso al barbecue curato dal duca con la selvaggina fresca di caccia. Nel castello i Windsor spengono le luci quando escono da una stanza per risparmiare, tengono bassi i caloriferi e si godono quella che per loro è la vera vita familiare.

All'arrivo di Diana, ognuno prosegue le sue abitudini. Ogni mattina la regina va a passeggiare (e il figlio Carlo, tramite il solito sistema dei valletti le chiede l'itinerario, per lasciarla tranquilla nel caso voglia restare sola), Anna e Carlo si recano a caccia o a pesca, gli altri a godersi la campagna. In più piove sempre, cosa che, secondo i reali, rende l'atmosfera ancora più suggestiva.

Diana arriva a Balmoral abbronzata e nervosa, dopo la crociera, anche se, in una delle poche interviste concesse dalla coppia in quel periodo, sembra di buon umore e raccomanda «caldamente la vita matrimoniale».

Il linguaggio del corpo però, la tradisce. Nella conferenza stampa improvvisata lungo il fiume Dee dove i reporter li scovano, è in completo gonna e giubbotto pied de poule con ballerine ai piedi e quasi si nasconde dietro a un orgoglioso Carlo in kilt e scarponi da campagna ben più adatti alla situazione.

Le foto confermano al Paese che il Royal Wedding procede a gonfie vele. La sposina, invece, in realtà è già stufa della Scozia e di tutto ciò che la circonda.

Arrivata a Balmoral si è trovata, improvvisamente e per la prima volta, calata nel suo ruolo di seconda dama del regno. Il personale la chiama Altezza Reale o Madam, come vuole l'usanza, la sera deve vestirsi di tutto punto per cenare con la regina. Di giorno Carlo si assenta per le sue battute di caccia e lei si sente sempre più isolata nel suo ruolo di principessa di Galles.

Qualche volta, col bel tempo, il principe la porta con sé a pesca o per delle romantiche passeggiate al termine delle quali le legge passi dei suoi libri preferiti. A cena, però, deve sedere lontano da lui e impegnarsi nella conversazione formale.

L'etichetta la fa impazzire anche perché sia la regina sia il duca non tardano a farle sapere, senza mezzi termini, che da una contessa Spencer si aspettavano di più e di meglio. Non tollerano che la principessa di Galles passi le serate in silenzio, aggrappata al marito come una borghesuccia qualsiasi.

Carlo viene in aiuto della moglie, trasferendosi con lei in uno dei cottage attigui al castello. Così Diana potrà avere più privacy e soprattutto meno freddo, lontana dalle stanze gelate del maniero.

L'intervento serve a poco se non a nulla; le nebbie scozzesi agitano Diana che vive gli attacchi bulimici peggiori della sua vita, passando da 63 chili a 53 su 1,77 di altezza.

Il suo stesso narcisismo, appena nato, la mette in crisi.

Non è forse stata lei a regalare il successo in mondovisione alla famiglia, lei a ottenere, solo sorridendo o abbracciando bambini, decine di copertine sui giornali di tutto il mondo?

E ora la regina le dice di «darsi una regolata», e nelle conversazioni serali con l'aristocrazia o i membri dell'establishment intellettuale non riesce a spiccicare una parola. Un po' è la timidezza, un po' è la sua scarsa preparazione culturale che la riporta, da idolo delle masse, a quella «stupida» Diana che non ha finito le scuole superiori.

Balmoral, inoltre, è il luogo prediletto dalla regina e dalla regina madre, entrambe adorate da Carlo, il quale, libero a sua volta dall'etichetta di Buckingham Palace, passa le serate a coprirle di attenzioni. Non che dimentichi la moglie, ma Diana ritiene comunque di essere lei a meritare il centro della scena.

Il carattere della neoprincipessa mostra il suo lato peggiore, un continuo alternarsi di momenti di tenerezza e attacchi di ira furibonda. Vorrebbe tornare a Londra, godersi la casa nuova di Kensington, aprire i diecimila regali di nozze, fare shopping nella capitale e chiacchierare con le amiche. Le scenate per Camilla sono all'ordine del giorno anche perché Diana ha la sensazione che i due si sentano con assoluta regolarità. E in questo, certo, non si sbaglia...

Carlo, spaventato dal comportamento della moglie, chiama in aiuto Laurens Van der Post (a cui il principe faceva pervenire la trascrizione dei suoi sogni perché potesse interpretarli) e quando anche l'intervento dello studioso fallisce si decide a consultare i medici reali perché si prendano cura di lei.

Si rifiuta però di rientrare a Londra in anticipo («Quando mai» dice a Diana «si è visto qualcuno che accorcia la luna di miele?»), anche se dirada le sue escursioni e cerca di portarsi appresso la moglie dove può. La scusa anche con la regina per la mancanza di conoscenza dell'etichetta reale; ma, alla fine, anche lui è a pezzi.

Quando la fede nuziale cade dal dito di Diana per la perdita di peso, Carlo, esasperato, la lancia al suo segretario perché la faccia stringere. Poi organizza una trasferta a Londra da uno psichiatra.

Anche in questo caso si mette in contrasto col padre e la madre che ritengono il comportamento di Diana un mero capriccio da non assecondare e il consulto con uno psichiatra un evento disonorevole e ridicolo. Il detto di famiglia non è forse «mai lamentarsi, mai spiegare»? Ma il principe, infine, si impone e riesce a portare l'ormai scheletrica Diana a Londra dove le vengono prescritti dei sedativi che lei si rifiuta di prendere, convinta di potere dominare da sola la sua bulimia.

L'ostinazione apparentemente assurda di Diana si rivela provvidenziale perché, oltre ai disturbi alimentari, i medici scoprono che è incinta. Per il tripudio della nazione, della regina e del principe Carlo.

La famiglia prima di tutto

GRACE - *La solitudine*

«Credo che nessuno potrà mai capire quanto sia stato duro per Grace venire a Monaco» dichiarerà Ranieri. La nostalgia dell'America, il distacco dagli amici, una nuova vita in un ambiente sconosciuto. E un'amica ammetterà: «Mi mostrai assolutamente insensibile alla solitudine di Grace nei primi anni di matrimonio. Proiettavo su di lei tutte le mie chimere».

Dopo l'annuncio della gravidanza, con un Ranieri ancor più determinato a riprendersi il controllo del regno, si consuma quindi lo scontro finale con Onassis. Scontro da cui il ricco armatore greco uscirà sconfitto abbandonando il principato a bordo del suo *Christina*. Intanto, per il piccolo regno si prepara una nuova invasione: quella dei reporter in attesa della nascita del primogenito, prevista all'inizio del 1957. Ma' Kelly arriva dagli Usa, portando con sé il ginecologo di fiducia, il parigino dottor Emil Hervet. Ma non è la tradizione di casa Grimaldi a convincere l'evoluta Grace ad accettare di partorire a palazzo anziché in ospedale, bensì la preoccupazione delle incursioni della stampa. Alcuni giornalisti, infatti, avevano cercato addirittura di corrompere gli infermieri dell'ambulanza per convincerli a lasciargli scattare le foto di Grace in travaglio. La biblioteca viene quindi attrezzata come una moderna sala parto. Con cronometrica precisione, nove mesi e quattro giorni dopo le nozze, viene al mondo Caroline. Prima figlia di Ranieri, ennesima nipote femmina di pa' Kelly. Così Ranieri annuncia felice ai sudditi l'evento, che scongiura la temuta annessione alla Francia. E la conseguente eliminazione per il principato della privilegiata condizione di paradiso fiscale. Dagli Usa pa' Kelly nella sua non propriamente cordiale telefonata proclama: «Dannazione, volevo un maschio!». Ma quattordici mesi più tardi, anche il sogno di pa' Kelly e in ogni caso l'intenso desiderio di Ranieri vengono esauditi: nasce Alberto, che rimpiazza la sorellina come erede al trono.

Una famiglia, in realtà, è quello che desiderano intensamente sia Ranieri che Grace. Ma, diversamente da Carlo e Diana, i principi di Monaco possono decidere liberamente come organizzarsi nella loro vita quotidiana; pur nel rispetto dei loro impegni di Stato, dell'etichetta e di un ritmo disciplinato di vita, cercheranno sempre, almeno finché i ragazzi sono piccoli, di mantenere un equilibrio e un caldo nido solo per loro. La vita a corte è scandita da orari e abitudini che ruotano attorno ai due principini: la priorità per Grace, e anche per Ranieri, è la creazione di un ambiente familiare accogliente e privo di pressioni di ogni sorta: quello che il padre non ha mai avuto, quello che la madre avrebbe sempre voluto. In ogni caso, gli impegni pubblici non devono mai intralciare quelli privati: Grace e Ranieri fanno ogni mattina colazione con i figli, pranzano con loro quando possibile e cercano di essere con loro al momento della buonanotte. Se proprio il principe è troppo occupato per recarsi nella nursery, i bambini gli vengono portati nel suo ufficio per un saluto prima di essere messi a letto. Caroline adora guardare la madre mentre si veste, ma ha preso dal padre la passione per gli animali; Alberto, più timido e tranquillo della sorella, condivide con il padre la passione per le automobili. I principi sono decisi a far sì che i loro figli crescano sereni e abbiano un'infanzia il più normale possibile. Poco dopo la nascita di Alberto, Ranieri regala a Grace una tenuta a Mont Agel. Un luogo tutto loro, un rifugio lontano dal palazzo e dalla costante attenzione della stampa e dei cortigiani. Roc Agel, ovvero il ranch, è stato equipaggiato con pony per i bambini e cavalli per i principi; ma anche un trattore per Ranieri e conigli, galline, mucche. Qui Grace sfoggia le sue (scarse) doti culinarie e Ranieri, come ogni bravo marito americano, si dà al barbecue. A Roc Agel si trascorrono i fine settimana e i periodi più caldi dell'estate; qui sono ammessi soltanto gli amici più intimi. Da qui Grace partirà, anni dopo, inconsapevole, verso la morte.

DIANA - *Luci e ombre*

Diana ha una gravidanza all'insegna della nausea, del torpore e del malessere che non le danno tregua fino al parto. In più, il periodo coincide con i primi seri impegni ufficiali con Carlo.

Il principe di Galles è pazzo di felicità dopo l'annuncio della futura paternità. Ma una tre-giorni in Galles durante la quale si rende conto per la prima volta che Diana, con la sua sola presenza, lo oscura completamente, getta un'ombra sulla serenità appena ritrovata.

Diana, per l'occasione, è vestita peggio che mai, con un tailleur dalla gonna a ruota e giacchetta attillata, scarpe scollate e basse. Piove in continuazione, clima perfetto per Carlo nella sua tenuta da highlander, pessimo per Diana in gonna e ballerine.

Pioggia, stanchezza, malori. La folla non si accorge di nulla. Si assiepa per vedere la principessa e se si trova dal lato di Carlo esala degli «oh» di delusione. Diana cammina avanti a lui – inconcepibile infrazione all'etichetta – e accetta mazzi di fiori. Saluta in gallese, stringe mani, prende in braccio bambini. Sotto la pioggia battente ha sempre il sorriso sulle labbra; Carlo si limita a reggere i mazzi di fiori che la gente regala alla moglie, altrimenti passa inosservato, come gli sarebbe successo da allora in poi per molti anni a venire. E questo lo manda fuori dai gangheri.

La principessa di Galles doveva essere un bell'ornamento per il principe, non diventare più interessante di lui. Quando arrivano, la gente urla «Eccola!» e la sua foto il giorno dopo è su tutti i giornali, mentre i discorsi accuratamente preparati di Carlo non vengono nemmeno citati.

Dopo una tre-giorni di vomito e acquazzoni, Diana viene pure severamente ripresa da Carlo: si è messa troppo in mostra. La critica la ferisce particolarmente, visto che aveva accettato di comparire in pubblico solo per dovere, benché tormentata dalle nausee e dalla stanchezza.

Quel solco, appena tracciato, sarebbe diventato profondissimo negli anni, il problema della visibilità di Diana destinato ad avere un ruolo fondamentale nella «Guerra dei Windsor».

Di ritorno a Londra i principi devono presenziare alla riapertura del Parlamento al seguito della regina in gran toilette, scortata dal duca di Edimburgo in divisa. Diana è in lungo con diadema e perle. La pancia non si vede ancora e il volto è meravigliosamente truccato. Anche in questa occasione la sua presenza eclissa quella del marito e della regina e i tabloid non hanno spazio che per lei mentre i giornali tradizionalisti urlano allo scandalo. L'apertura del Parlamento messa sotto scacco dai vestiti di una ragazzina!

Anche in questo caso Diana viene sgridata, accusata di egocentrismo, rimproverata per il suo pessimo accento. Da quel momento in poi, per anni, praticamente fino al divorzio, verrà obbligata dai Windsor a prendere lezioni di dizione. La giovane non reagisce ma la sera dopo, all'apertura di una mostra al Victoria and Albert Museum, anche in questo caso in tenuta di gala lunga e svolazzante celeste pallido guarnita di gioielli, si addormenta sulla sedia, ottenendo di nuovo decine di copertine il cui titolo più ovvio è «La bella addormentata». Carlo viene accusato di non occuparsi abbastanza della salute della moglie.

Il palazzo approfitta del momento generale di attenzione verso di lei per lanciare la grande notizia: Diana non è né stanca né annoiata, ma semplicemente incinta.

Un'ondata di felicità collettiva travolge gli inglesi, pronti a perdonarle tutto. Buckingham Palace riprende fiato.

Nei mesi che seguono Diana si applica con caparbietà e senso del dovere a seguire tutte le indicazioni di Carlo in tema di etichetta. Lo scorta adeguatamente abbigliata in abiti informi per non mostrare la gravidanza ma, regolarmente, appena si siede a tavola, deve alzarsi per fare fronte alle nausee ricorrenti. Quando cerca di svincolarsi dagli impegni ufficiali, Carlo la forza; quando presenzia e poi regolarmente si sente male, i reali la sgridano, criticano la sua assenza di self-control.

La giovane, bulimica, incinta, psicologicamente delicata per via degli sconvolgimenti ormonali, non fa che piangere e la corona si indispone sempre di più. Tante donne inglesi, invece, vogliono emularla, rimanere incinte e vivere la gravidanza assieme a lei. Diana e i suoi malesseri vengono studiati e amati. La sua persona diventa intoccabile.

Nella casa reale, le cose non vanno esattamente nello stesso modo. Tutte le donne di famiglia hanno avuto gravidanze, ma nessuna ha mai sbandierato malesseri in pubblico.

Diana viene invitata a seguire l'esempio della suocera, della principessa Margaret e della cognata Anna che non si sono mai sognate di versare una sola lacrima in pubblico o di bloccare un pranzo per alzarsi e andare in bagno a vomitare.

L'incomprensione della nuova famiglia ferisce profondamente l'animo suscettibile di Diana, inoltre Carlo invece che lodare i suoi sforzi non fa che criticarla.

La luna di miele, in cui il principe cercava luoghi adatti alla timida Diana e la scusava in continuazione con la regina, è bruscamente finita. Al tenero neosposo si è sostituito un marito esigente che non ha alcuna comprensione per i malori della consorte. Un uomo che aveva visto la propria madre mettere al mondo tre figli senza prendersi un giorno di riposo, conciliare tutto con gli impegni di Stato.

Crede forse Diana di essere migliore di lei?

L'incomprensione e la freddezza di Carlo addolorano molto la giovane principessa di Galles, che è – e sempre sarà – incapace di vedere la famiglia reale come una squadra in cui ognuno fa la sua parte e, viste le privazioni affettive patite nell'infanzia, cerca attenzioni speciali. Eppure la giovane e incompetente Diana comincia a intuire che il suo modo di presentarsi in pubblico non è del tutto sbagliato e quanto vecchio e congelato sia invece quello degli altri reali.

Ha o non ha successo ovunque vada ottenendo centinaia di copertine? Nella sua mente prende forma un'idea nuova di comunicare con gli inglesi, nasce una nuova personalità reale che raggiungerà il suo apice di popolarità negli anni successivi al parto. La sua ricetta è stata, fino a questo momento, figlia puramente dell'istinto. Spontaneità, allegria, dolcezza, empatia. Possibile che vada così male quando tutti, fuori dalla corte, sembrano apprezzarla? Carlo per primo non si rende conto di quanto ci guadagni in camicia e maglione scelto da lei, rispetto al consueto doppiopetto reale che lo invecchia di dieci anni?

Alcune delle conquiste di Diana sono oggi patrimonio acquisito della vita degli altri reali e dei suoi figli. La convivenza prima del matrimonio, per esempio, la tenerezza pubblicamente esibita, la capacità di sorridere con cordialità ai fotografi senza irrigidirsi come faceva il giovane Carlo. Ancora oggi a sessant'anni, dimostrando di aver imparato la lezione di Diana, il principe sorride alla stampa a fianco della bruttina ma simpatica Camilla.

Anche se inesperta della vita di corte, Diana realizza

che se una parte dei suoi problemi le deriva dalla trasgressione dell'etichetta, la fetta più grossa dipende dalla vecchiaia dei costumi della famiglia reale.

Decide che almeno a casa sua, a Kensington Palace (non ancora pronta dopo mesi di lavori, lo sarà solo dopo la nascita di William), le cose andranno diversamente.

Se avesse conosciuto meglio i processi mentali della moglie, Carlo avrebbe sicuramente fatto di più per lei, per frenare le sue continue crisi psicologiche. Invece non ne è capace, nonostante sia tutt'altro che disilluso dal matrimonio o indifferente verso la moglie la cui gravidanza lo esalta.

È in questo periodo che Diana comincia a nutrire fantasie suicide, che mette in atto tre volte senza serie conseguenze denunciando una sofferenza psicologica sempre più profonda.

La solitudine, la gravidanza, i rimproveri, la perenne lontananza di Carlo e una rinnovata paura di Camilla la portano a gettarsi giù dalle scale urlando contro il marito che aveva deciso di andare a fare un giro a cavallo.

La principessa viene soccorsa da un'allibita regina madre mentre Carlo, tornato sui suoi passi, chiama di corsa il ginecologo reale per essere rassicurato sullo stato della gravidanza. Fortunatamente Diana non si è fatta nulla, ma per anni fra gli amici di lei girò la versione che il principe l'avesse lasciata a terra senza aiutarla; una menzogna divulgata per danneggiarlo prima della separazione.

Dopo altre liti, altri due tentativi di suicidio con un temperino, Carlo si decide a dare alla moglie quello che vuole: quindici giorni al sole alle Bahamas da soli.

La stampa mondiale si scatena di nuovo e, prontamente, i baci dei due coniugi in spiaggia e la pancia di Diana, ormai di cinque mesi, riempiono le pagine dei giornali. Mentre la regina si indigna e parla di comportamento di pessimo gusto da parte della stampa, Diana non si offende. Che male c'è nella foto di profilo di una donna incinta, in bikini che gioca col marito come avrebbero potuto fare migliaia di ragazze inglesi?

Le sue idee sulla comunicazione e sulla funzione della stampa si rafforzano sempre più. Anche Carlo ne beneficia secondo lei: nelle immagini appare giovane, abbronzato in costume da bagno con la bella moglie accanto. Stando ben attenta a non contrariare la suocera già infuriata, la principessa si tiene le sue idee per sé. Impiegherà anni a tramutarle in vere e proprie strategie, e quando lo farà, sarà a spese della corona.

Il 21 giugno 1981, a meno di un anno dalle nozze, dopo sedici ore di travaglio nasce in ospedale (è la prima volta per un reale di Inghilterra) il principino William.

Il principe di Galles è presente per tutto il tempo, aiuta e conforta molto la moglie il cui parto è stato indotto dai medici. È il primo esponente dei Windsor a compiere un tale gesto e ne esce commosso e orgoglioso della moglie e del figlio.

Da lui avvisata, la regina accorre subito all'ospedale a vedere il nipotino ed è felice di constatare che «non ha le orecchie a sventola»; il Paese è subito in festa.

All'uscita dell'ospedale, Carlo e Diana trovano tutta la stampa schierata e finiscono immortalati col loro fagottino in braccio. Poi il giorno del battesimo accade la stessa cosa: una vera e propria apoteosi di Diana come madre. Quando il bebè si mette a urlare, lei gli mette con disinvoltura un dito in bocca e lo zittisce sotto lo sguardo allibito della regina Elisabetta che mai aveva fatto qualcosa di tanto intimo con nessuno dei suoi quattro figli.

Le cose sembrano andare bene per un po'. Carlo e Diana sono innamorati del figlio, la loro casa, fresca e moderna secondo i gusti di Diana, è pronta, Carlo riesce a dare il biberon al bambino, torna a casa presto e si fa inondare d'acqua le scarpe durante il bagnetto. Dirada gli impegni di lavoro per stare con la moglie. Le foto lo ritraggono orgogliosissimo di Diana e William, mentre tenta di farsi sorridere dal bambino. La fiaba sembra finalmente realizzata.

Ma l'armonia è destinata a non durare. Poco dopo, infatti, Diana cade in una grave depressione post-partum che si somma alla bulimia. È ossessionata dalla paura che il bambino muoia, non riesce a dormire se Carlo è fuori, la gelosia verso Camilla riprende a tormentarla. Licenzia Berry, storico valletto di Carlo, e buona parte della servitù, convinta (non senza ragione) che gli reggano tutti bordone con Camilla, inoltre i giornali scandalistici la accusano di spendere un patrimonio per vestirsi e di avere spinto Carlo verso una dieta vegetariana che tutti disapprovano come una delle tante stranezze del principe di Galles.

Nonostante sia la madre del futuro re di Inghilterra, Diana vive ai margini della famiglia reale, che la giudica pericolosa. Ma bulimia e depressione non le impediscono più di prendere le decisioni giuste. O almeno quelle che lei reputa tali.

Benvenute a Fiabilandia

GRACE - *Ritorno a Hollywood?*

In soli due anni, Grace ha adempiuto ai suoi doveri dinastici. Ha dato un erede maschio al trono, una famiglia a Ranieri, una principessa al regno. Ha fatto di un palazzo in rovina una calda, accogliente casa per il principe e i loro figli. Con tipico pragmatismo americano, si è dedicata alle opere di beneficenza: sconvolgendo le signore che consideravano l'impegno per la Croce Rossa monegasca poco più di un impegno sociale, al pari di un tè o di un cocktail, si presenta con lunghe liste di cose da fare e, inforcati gli occhiali che normalmente si vergogna di indossare, decide impegni, date e scadenze. Ha rinnovato la stagione teatrale e di danza del principato, stabilito un calendario di impegni e di feste che porteranno a Monaco teste coronate, star di Hollywood, tanto prestigio e ancor più numerosi turisti. Si è rassegnata all'idea che lei e la sua famiglia sono una delle principali, se non la principale, attrazione del piccolo regno e che un'immagine di lei, della piccola Caroline, della coppia principesca, meglio se in gran tenuta, è il miglior souvenir che un turista possa portarsi via da Montecarlo. Ora che la sua famiglia e la sua immagine di principessa di Fiabilandia è costruita, dopo aver dato tanto al suo piccolo, nuovo Paese, crede finalmente di poter avere anche qualcosa per sé. Il contratto con la Mgm non era mai decaduto, ma era solo stato sospeso, e a Grace continuano ad arrivare copioni da leggere, proposte di ruoli da interpretare. Ha da poco respinto con divertito sdegno quello della Vergine Maria nel *Re dei re* della Metro Goldwyn Mayer – o mi offrite quello di Maria Maddalena o non se ne fa niente, era stata la sua risposta – quando le arriva una proposta che assolutamente non si sente di rifiutare. Alfred Hitchcock la vuole come protagonista del suo nuovo film, *Marnie*. Avrebbe dovuto impersonare una cleptomane che sposa un uomo molto ricco; non esattamente una storia edificante, ma l'idea di tornare a lavorare con Hitch e con il suo carissimo amico Cary Grant attira moltissimo l'ormai annoiata principessa. Decisa ad accettare, organizza tutto in modo che le riprese si svolgano a Hollywood in estate, così da non intralciare i suoi impegni con la famiglia e il regno, ed essere a Monaco in autunno, in tempo per l'apertura della stagione. Dopo molte insistenze, anche Ranieri si convince. Ma l'annuncio ufficiale del ritorno sul set scatena nel regno una vera e propria rivoluzione. I monegaschi, che hanno impiegato anni ad accettare un'attrice come loro principessa, non sembrano disposti ad ammettere che la loro sovrana torni a recitare. La Mgm, da parte sua, fa sapere che non tollererà il ritorno sulle scene di Grace con una casa di produzione che non sia la loro, e che il contratto è ancora valido. De Gaulle e persino il papa lasciano intendere che la cosa non è gradita. Ranieri a questo punto si vede costretto ad annunciare ufficialmente che il progetto è stato abbandonato – ma qualcosa si è inesorabilmente rotto in Grace e fra i due. Il palazzo le si è chiuso attorno come una gabbia dorata; per quanto lei abbia dato, e continui a dare, ai suoi sudditi non potrà mai riavere la sua libertà.

All'episodio segue un periodo di depressione. I Kelly non sono stati educati ad accettare le sconfitte – e Grace non fa eccezione. Forse è quello il momento in cui comprende davvero e a fondo le conseguenze della sua scelta. Forse non aveva mai pensato prima che accettare la corona potesse essere un punto di non ritorno. Aveva dato tanto, ma non poteva avere nulla per sé. Negli anni avrebbe imparato a utilizzare la sua creatività e i suoi talenti in maniera diversa – nei suoi collage di fiori, nell'organizzare in maniera perfetta il Ballo della Rosa, nel rilanciare il balletto, nell'imparare l'italiano o l'arte della ceramica – ma qualcosa in lei, in quel momento, si era spento per sempre.

DIANA - *Il punto di non ritorno*

Per Carlo e Diana, genitori felici del piccolo William, si prospetta una visita ufficiale in Australia, che implica lasciare a casa due mesi il principino, che di mesi ne ha solo nove. Diana si rifiuta di andare senza il bambino, Carlo la sostiene, la regina deve abbozzare. Il primo ministro australiano in compenso deve fare il possibile per ospitare al meglio la principesca coppia con pargolo. Carlo e Diana almeno potranno godersi William ogni tre, quattro giorni, vista l'agenda fitta, e finalmente un po' di solitudine e vita familiare.

Il viaggio è un successo mediatico e matrimoniale. Diana porta circa duecento abiti per fare fronte alle occasioni ufficiali e gli australiani sono incantati dai suoi modi democratici, così diversi da quelli di Carlo definiti «coloniali». Fuso orario e impegni rendono il viaggio un massacro, ma per una volta marito e moglie si aiutano a vicenda, uno con la sua indubbia esperienza e pazienza, l'altra con la sua naturale freschezza che sta diventando vero e proprio fascino.

La timida Diana è palesemente svelta a imparare l'etichetta reale e a coniugarla con la sua visione della famiglia e della vita pubblica. E probabilmente la situazione si sarebbe assestata positivamente se Carlo, di ritorno dal viaggio in cui erano stati finalmente una famiglia, non si fosse portato moglie e figlio a Balmoral, dove Diana ricomincia a stare malissimo.

A peggiorare l'atmosfera si aggiunge la necessità di una seconda visita ufficiale nel Galles. Nel prepararla Diana ha già in mente due cose: la prima è cambiare il look che le aveva imposto la corte, stringendo la gonna e guarnendo le spalle con giacche dalle spalle larghe, lunghe sui fianchi, un modo di vestire ancora naïf ma che esalta la sua magnifica figura e la linea perfetta delle caviglie. La seconda, non arrabbiarsi più per le reazioni di Carlo.

Anche in questo tour le attenzioni sono tutte per lei così come i commenti; Carlo è infuriato e gliela fa pagare.

Tra i coniugi volano parole grosse. Carlo accusa la moglie di attirare su di sé a bella posta l'attenzione dei media e se ne infischia che Diana stia male tutte le notti. È lui il principe di Galles, lui quello che la gente dovrebbe incontrare. Diana si difende ribattendo di non fare nulla per attirare l'attenzione: in realtà vedersi in foto la fa sentire bene. A volte. Se la foto è ben riuscita Diana è contenta, se per caso le regala qualche chilo in più sono solo nuove crisi di bulimia.

Carlo dunque è stufo di essere considerato l'accompagnatore della principessa di Galles, che si atteggia a starlette, come non perde occasione di rimproverarle. In una parola, è geloso. Un uomo più sicuro di sé avrebbe gioito dei successi della moglie – in fin dei conti, Kennedy non aveva problemi a presentarsi come l'accompagnatore di Jackie; Ranieri, certo del suo potere, era ben felice che Grace attirasse tante attenzioni sul principato.

Ma la popolarità di Diana è destinata a diventare una delle cause di tensione fra i due – e una delle più potenti armi di lei dopo la loro crisi. Da quel momento, perciò, Carlo decide di portarla con sé il meno possibile, solo nelle occasioni in cui la presenza della principessa è inevitabile.

Già da giovane (figuriamoci matura ed elegante) Diana oscura Carlo, e così sarebbe sempre stato. Inoltre negli anni diventerà un'abile manipolatrice dei media.

Carlo, più riservato, dovrà ricorrere al team del primo ministro Tony Blair per rilanciare la propria immagine dopo i vari scandali, e solo con gli anni e molta perseveranza riuscirà a imporre le sue idee – decisamente in anticipo sui tempi – sull'ecologia e l'architettura. Un lavoro duro che nessuno, quando Diana era in vita, gli ha mai riconosciuto, dato che i tabloid erano concentrati a fare della loro storia la telenovela di una coppia di star hollywoodiane.

Inoltre Diana, proprio in quei giorni, ha sorpreso Carlo al telefono mentre mormora – a Camilla ovviamente – «Ti amerò qualsiasi cosa succeda» e ne è rimasta sconvolta.

Nelle confidenze fatte a Andrew Morton, Diana spiegherà molto bene che la bulimia era il suo segreto, un male che non voleva ammettere e di cui solo Carlo, che la vedeva mangiare e la sentiva vomitare, era al corrente. «Carlo aveva il suo segreto cioè Camilla» racconterà «e io il mio.»

Sempre più angosciata dalla vita di corte e dall'ombra di Camilla, tormentata dai disturbi alimentari, Diana cerca sollievo nell'esposizione mediatica: vedersi in foto sui giornali è sempre più importante per lei. Per questo organizza un vero e proprio ufficio operativo con tanto di addetto stampa per contattare i giornalisti e lasciare filtrare il proprio punto di vista, così poco condiviso a palazzo. Quasi inconsapevolmente, Diana sta mettendo in ordine le sue pedine. Per quanto fra malori vari e delusioni dolorose, sta crescendo. E ha scoperto di avere un potere che va oltre quello della corona: figli a parte, sarà questo lo scopo primario della sua esistenza dalla fine del 1981 alla morte.

La farfalla era finalmente uscita dal bozzolo e voleva volare.

L'ultimo figlio

Per Grace come per Diana l'attesa dell'ultimogenito – Stephanie per la principessa di Monaco, Harry per quella di Galles – è un periodo relativamente felice. Ma, probabilmente, anche l'ultimo periodo veramente sereno per le due coppie. Per Diana coincide con la consapevolezza che mai la real «ditta» la accetterà pienamente e che le sue logiche di comunicazione non saranno mai apprezzate né tanto meno applicate dai Windsor. Solo la sua morte cambierà le cose; è ironicamente tragico constatare come la regina dovrà adeguarcisi dopo che l'intero Paese reclamerà come sua la principessa di cuori ripudiata dalla corte. Grace invece deve fare i conti con la dura realtà della sua libertà perduta. Tutte e due cercano fuori dal regno, fuori dalla corte, una vita nuova, una diversa identità. E il regno che tutte e due lasceranno sarà profondamente diverso da quello che avevano trovato al loro arrivo nella corte inospitale.

GRACE - *Stephanie l'irrequieta*

Grace e Ranieri volevano una famiglia numerosa; ma dopo Alberto e Caroline, la principessa avrà due aborti. Nel 1964, però, si cominciano a vedere i segni di una nuova gravidanza. Anche Stephanie, il 1° febbraio 1965, nasce a palazzo, senza anestesia né farmaci come prima di lei i fratellini. Il padrino di battesimo sarà il fratello di Grace, John Kelly Jr. Il John Kelly su cui si erano riversate tutte le speranze di pa' Kelly non ebbe una vita né facile né felice; quando cercò di impegnarsi in politica chiese e ottenne l'appoggio della sorella, ma fu la madre a intervenire pesantemente per far cancellare la sua candidatura a sindaco. Kell l'aveva sfidata lasciando moglie e figli e dandosi a quella vita da scapestrato che non aveva mai potuto vivere in gioventù. Tra le sue frequentazioni, l'affascinante proprietaria di un locale notturno di Philadelphia; che, però, era una transessuale. La madre già preoccupata della fama di playboy del figlio, quando vide che gli avversari politici stavano per buttarsi sulla vicenda della trans, fece sapere al presidente del comitato elettorale che non solo non avrebbe appoggiato il figlio ma che avrebbe anzi dato il suo sostegno finanziario all'avversario. Una mossa che, ovviamente, chiuse la sua carriera politica. Dopo un arresto per guida in stato di ubriachezza, un divorzio dalla moglie con cui era stato sposato per venticinque anni, un secondo matrimonio, Kell morì nel 1984, a cinquantasette anni, facendo jogging. Fu stroncato da un'emorragia cerebrale, il che confermerebbe la familiarità dell'ictus che aveva probabilmente causato l'incidente di Grace, due anni prima. La madre non seppe né della sua morte né di quella di Grace perché un colpo apoplettico l'aveva lasciata incapace di intendere. Un destino forse più clemente con lei che con i suoi figli.

Tornando a Stephanie, a Grace e Ranieri piacerebbe anche un quarto figlio; quando nel 1967 visita l'esposizione universale di Montreal con marito e figli, Grace è incinta di quattro mesi. Ha un malore e, ricoverata d'urgenza in ospedale, abortisce. Il verdetto dei medici è chiaro: non potrà più avere figli. Stephanie è vivace e allegra, la piccolina di casa, e gode di una libertà che i fratelli non hanno mai avuto. Mentre Alberto, timido, balbuziente e studioso, non crea problemi, e Caroline, finché è piccola, segue la madre nelle cerimonie, adora gli abiti e si comporta educatamente, Stephanie è una peste. Non vuole essere una principessa, non vuole che il suo destino sia scritto nel suo nome. Così, appena può, cerca una sua via: come modella, come stilista, come cantante, come mamma. Qualsiasi cosa ma non principessa e moglie devota, qualsiasi cosa ma non il destino di sua madre. A differenza di Caroline che, dalla morte di Grace, ha sempre saputo sostituirla nelle funzioni di rappresentanza, nell'attesa (vana?) che Alberto l'erede, Alberto il fratello più serio e posato, trovi una principessa degna di occupare il posto lasciato libero dalla madre. Impresa, come più volte ha dichiarato lo stesso principe, estremamente ardua.

DIANA - *La nascita di Harry*

Il predominio pubblico di Diana su Carlo cresce in maniera esponenziale negli anni successivi alla nascita di William, minando alle basi la comprensione fra i coniugi. Diana ha successo quando si mostra da sola e, al di là delle visite ufficiali, non compare quasi mai a fianco del marito. Per il resto del tempo sta in solitudine, frequentando per lo più la propria guardia del corpo Barry Mannakee e poche altre conoscenze e amiche. Nelle due abitazioni dei principi, Kensington Palace e Highgrove, la coppia conduce vita quasi separata, l'uno in preda al suo invidioso risentimento e alla preoccupazione per la salute psicofisica della moglie, l'altra oppressa dalla gabbia di obblighi, dalla mancanza di scopi e dal fantasma di Camilla. Mentre Diana rimane in città, il principe si rifugia a Highgrove dove incontra i vecchi amici e Camilla fa da padrona di casa.

C'è già qualcosa fra i due? Le cronache ufficiali di palazzo insistono nell'affermare che fu solo dopo la nascita del principe Harry che i principi di Galles si diedero alle reciproche infedeltà.

Tuttavia, Diana è così ossessionata da Camilla da perseguitarla con decine e decine di telefonate mute al giorno (diventerà un comportamento abituale anche con altri amanti); cosa che spinge la signora Parker Bowles a sporgere denuncia per capire chi la sta perseguitando.

Quando viene fuori il nome di Diana, Camilla decide di non fare nulla, di evitare lo scandalo.

In occasione di una serata a Highgrove, dove sa che ci sarà anche Camilla, Diana pretende di essere presente. Non tocca cibo, beve soltanto un bicchiere d'acqua e, sentendosi poco bene, pretende di essere riportata a casa. Di nuovo sola con se stessa Diana ingurgita una vaschetta intera di gelato in preda a uno dei peggiori attacchi bulimici della sua vita.

Che ci sia del sesso o no fra Carlo e Camilla, il vomito autoindotto di Diana è la metafora del suo rifiuto per l'ambiente antiquato e ipocrita in cui le è toccato di vivere. A nulla servono il suo titolo, i suoi figli, i suoi sforzi: Camilla conta più di lei.

È la vera consigliera del principe, la persona con cui lui si diverte, con cui ama stare, quella che prende in mano le redini della casa. Perché a Highgrove comanda Camilla non Diana. Lei decide i menù, lei fa gli inviti, e questo la principessa di Galles l'ha capito benissimo. Per questo allontana i domestici che ritiene troppo compiacenti con la sua rivale.

Carlo non è portato per i sotterfugi. In compenso Diana ha un fiuto che lui, l'esperto di caccia e di cani, neanche si sogna. Con molta cautela, nel frattempo, sta iniziando a prendere contatto coi maggiori tabloid verso cui lascia filtrare le notizie che la interessano e che accrescono il suo mito. In gran segreto, ovviamente.

Eppure i rapporti fisici della coppia in qualche modo continuano visto che, nel 1984, Diana rimane incinta per la seconda volta. È un'altra gravidanza difficile, che Diana vive fra continue nausee, contrazioni e fastidi. Durante una visita ufficiale in Norvegia, lei non fa che vomitare: dimagrisce a vista d'occhio. Carlo sembra davvero felice e fiero della seconda gravidanza della moglie, che invece si deprime ogni giorno di più. Per lui, come più volte ha testimoniato, quello dell'attesa di Harry è un periodo coniugalmente molto felice, durante il quale si illude di essersi lasciato alle spalle le grandi incomprensioni.

Invece, per motivi imponderabili, Diana si è messa in testa che Carlo voglia una femmina e dalla seconda ecografia in avanti gli tiene nascosto il fatto che il nascituro è un altro maschio.

Il comportamento di Carlo negli anni seguenti non ha mai confermato le accuse di Diana che, nel libro di Morton, racconta: «Lo guardò e disse, oh, è un maschio e ha anche i capelli color ruggine! Poi se ne andò a giocare a polo. Da quel momento qualcosa in me si ruppe definitivamente».

Il problema è che la battuta del principe sui capelli del piccolo, pronunciata alla sola presenza della moglie, finisce su tutta la stampa nazionale. Carlo, dopo averlo solo intuito, a differenza dell'intera famiglia reale, ora sa che Diana ha contatti consistenti coi tabloid. Probabilmente stanca del parto e delle medicine, la moglie ha abbassato la guardia. E si è tradita.

Carlo è furioso, si sente pugnalato alle spalle. Ama il bambino, è commosso per la sua nascita, non è andato a giocare a polo quel giorno (era quello prima) lasciando soli bebè e puerpera. E il giorno dopo si trova sbattuto in prima pagina: il padre ignobile. Ed è tutto falso.

Se Diana non ne poteva più dei rimproveri, del matrimonio farsa, dei vecchiumi di Balmoral, del polo, di Camilla e degli atteggiamenti da gentleman dell'Ottocento del marito, lui è decisamente stufo di avere una spia al suo fianco.

Telefona a Camilla e le propone di vedersi la sera, da soli. Il matrimonio del secolo, almeno dal punto di vista sessuale, è finito. Carlo non sarebbe mai più tornato nel letto di Diana.

DIANA - *Padre (?) e figlio*

Poco dopo la nascita di Harry, Diana inizia la sua lunga relazione, durata cinque anni, quanto il matrimonio con Carlo, col maggiore James Hewitt, l'insegnante di equitazione che doveva insegnarle ad andare a cavallo, sport in cui la principessa non eccelleva.

Molti siti di gossip hanno sempre messo in risalto la straordinaria somiglianza fisica tra Hewitt e il piccolo Harry per gettare un'ombra sulla paternità del principino secondogenito, ma Carlo ha impedito che si desse corpo a simili pettegolezzi, anche nei momenti peggiori della Guerra dei Windsor.

Rossi entrambi, con gli occhi sottili e il naso a patatina, Hewitt e Harry potrebbero essere davvero padre e figlio. La zia Sarah Spencer, però, lo ricorda talmente da sembrare sua madre. Così si sono sempre difesi i lealisti di Diana sostenendo che Harry non ricorda né lei né Carlo perché avrebbe preso dagli Spencer. E, inoltre, Diana avrebbe conosciuto Hewitt qualche tempo dopo la nascita di Harry, circostanza mai davvero corroborata ma sostenuta sempre persino dall'ex maggiore.

Quando alcuni deputati conservatori chiedono ufficialmente la prova del Dna di Harry, il numero tre in linea di successione al trono di Inghilterra, è proprio il principe Carlo a negare il permesso, salvando così da scandali e tabloid il bambino che aveva appena dieci anni quando gli era morta la madre. Un Harry che si è rivelato nel tempo un adolescente gaffista e difficile.

Per Carlo i figli sono due: William, compìto futuro re vivace come la madre e cortese come il padre, e Harry, la bomba a orologeria. E questa fermezza decisamente gli fa onore.

GRACE - *Luci e ombre*

Depressa per il mancato ritorno sulle scene, Grace deve affrontare momenti duri. Il padre, tanto amato, che non l'ha mai saputa apprezzare, muore a settant'anni per un tumore. Lei, che dopo il matrimonio era sempre tornata almeno una volta l'anno a Philadelphia, l'estate prima era arrivata decisa a confrontarsi infine con quel padre che non sembrava disponibile ad ammettere i suoi successi; ma l'aveva trovato talmente poco in salute da desistere nei suoi propositi. La morte sopraggiunge a chiudere ogni possibilità di dialogo fra loro – per sempre. Le gravidanze che non è riuscita a portare a termine non hanno migliorato né la sua salute né il suo umore. Fra la perdita del padre, gli aborti, la percezione ormai netta della fine della sua carriera d'attrice, Roc Agel diventa sempre più la sua casa, il rifugio dalla costante sovraesposizione del palazzo.

Capisce che è importante tenere le mani occupate: il ricamo, il lavoro a maglia. E i collage di fiori che seccavano, perdendo colore e freschezza (come lei?) fra le pagine delle guide telefoniche accuratamente conservate a palazzo per questo scopo. A Monaco, sempre elegante e impeccabile a fianco di Ranieri, inaugura case, giardini, ospedali e cantieri che il principe, soprannominato con suo grande orgoglio il principe costruttore, continua ad aprire, uno dopo l'altro. Distribuisce regali ai bambini e agli anziani, aiutata dai suoi bellissimi figli, decisa a insegnare loro quanto sono fortunati, tanto più fortunati di tanti altri. Presenzia a feste e a cene, impeccabilmente elegante, impercettibilmente annoiata. Inaugura anche quell'ospedale che porta il suo nome, il Principessa Grace in cui sarà ricoverata, inutilmente, dopo il fatale incidente sulla Corniche.

La moda

Grace prima e Diana dopo hanno riempito le cronache delle loro foto: delle nozze, dei figli, ma anche, e soprattutto, delle occasioni mondane, delle toilette sfoggiate e analizzate dai giornali e ammirate, sognate e copiate dalle lettrici di tutto il mondo. In un sondaggio italiano di fine 2009 detengono ancora due tra le prime cinque posizioni nella classifica delle donne più eleganti di sempre: Grace seconda, preceduta solo da Audrey Hepburn e seguita da Jackie Kennedy; Lady D è quinta, preceduta da una Altezza Reale di oggi, unica vivente della cinquina, Rania di Giordania. Anche in una statistica targata Usa i primi due posti sono occupati da Audrey e Grace. Grace e Diana sono comunque diventate, ciascuna a suo modo, icone: belle, eleganti, impeccabili, principesse reali, regine della moda, pettinate e abbigliate come ogni donna vorrebbe, almeno una volta nella vita. Al centro dell'attenzione per ogni dettaglio – il cambio di pettinatura, i gioielli, le scarpe, le borse – e obbligate, ogni volta, a superare se stesse, a essere all'altezza della propria fama. «È come essere ogni giorno invitate a un matrimonio» dirà Diana. «Solo che la sposa, ogni volta, sei tu.»

Forse, un destino non esattamente invidiabile.

GRACE - *Un modello di stile*

Quello che colpisce, negli abiti di Grace, molti dei quali sono stati esposti prima a Monaco e poi a Roma, è l'assoluta modernità dello stile, a tanti decenni di distanza. L'abito di seta pesante con cui ritirò l'Oscar nel 1955 non sfigurerebbe addosso ad Angelina Jolie o a Julia Roberts ora: spalline sottili, linea perfetta, senza tempo. E mezzo secolo intercorso ha riportato addirittura in auge i tailleur dalle piccole giacche sulla gonna svasata, gli Chanel dritti, dalle maniche tre quarti, i tubini stretti in vita da una cintura, su cui luccica una preziosa spilla. L'eleganza delle nostre mamme, e nonne, senza fronzoli, realizzata con larghezza di mezzi e l'aiuto di grandi stilisti. Un'apparente nonchalance che nasconde un'accurata ricerca. Certo, Sua Altezza Serenissima è alta e sottile, continua a indossare i guanti bianchi lunghi di sera e corti di giorno che l'hanno resa celebre a Hollywood. Continua a mantenere il suo stile preciso, mai una sbavatura, un dettaglio di troppo. Dopo la disavventura del grande cappello bianco al suo arrivo a Monaco ha imparato a non nascondere il viso, e sfoggia piccoli cappellini, a volte quelle «scatole di pillole» rese famose da Jackie Kennedy, piccoli cilindri in cima al capo, a volte semplici turbanti sui capelli raccolti. Riesce persino a essere elegante e credibile con indosso il costume monegasco, camicia con le maniche a sbuffo, gonna a righe bianche e rosse e grembiulino ricamato a fiori, accanto a una Stephanie, l'amatissima piccola di casa, abbigliata nello stesso identico modo – ma che non riesce a sfoggiare un sorriso credibile come quello della mamma. La vestono Givency e Yves Saint Laurent, ma il preferito, e il più adatto a lei, è Marc Bohan, della Maison Dior, di cui diventa raffinata testimonial.

Grace studia le biografie e i ritratti di regine del passato, e scopre che più importante era il ruolo, più alta e complessa era l'acconciatura: comincia così una collaborazione con il parrucchiere parigino Alexandre, che realizza per lei pettinature elaborate, chignon arricchiti da fiori, gioielli e diademi, trecce arrotolate come corone in cima al capo, voluminosi toupet di boccoli, o semplicemente sciolti, fermati da un cerchietto liscio o da un nastro di velluto. Acconciature che il parrucchiere le presenta e discute con lei in anteprima con dettagliatissimi schizzi, completi di data e firma, e, a volte, di orecchini e diademi da abbinare. Acconciature che si faranno sempre più voluminose e complesse, più alte sul capo, negli anni, man mano che la figura si appesantisce e il volto, pur bellissimo, perde la freschezza della prima gioventù. Gli abiti invece hanno i drappeggi leggeri delle ali di farfalla, cadono come mantelli-scultura, si arricchiscono di maniche fatte di piume. Quando nel 1966 Montecarlo festeggia il centenario, Grace lavora per settimane alla mise da sfoggiare al ballo in costume: un abito in seta salmone con tanto di crinoline, falpalà, ruche e scialle (e, manco a dirlo, i guanti bianchi) che non avrebbe sfigurato nemmeno al ballo d'apertura di *Via col vento*. Un diadema in testa, fra treccia e boccoli; collana, braccialetto, broche e un enorme cammeo a chiudere la cintura in vita: eppure nemmeno così riesce a essere esagerata, tanta è la cura del dettaglio, delle proporzioni, dell'armonia fra colori, tessuti e gioielli. Il turbolento 1968, mentre il mondo grida «Vietato vietare», la vede prepararsi per un altro ballo in costume: a fianco di un divertito Ranieri dai baffi a manubrio, sfoggia un elegantissimo abito nero fine Ottocento, ricamato in bianco come candidi sono i lunghi guanti e la piuma che svetta in cima all'elaborata acconciatura. Dalla gonna salgono verso la vita complicati ricami, fino quasi a toccare una vertiginosa scollatura che disegna una profonda V sulla schiena. Ma qualcosa in quella immagine di perfetta, curata eleganza stride: Grace è chiusa nel suo ruolo come nei suoi abiti, prima stretti al corpo poi lentamente, impercettibilmente sempre più ampi. E come Elisabetta I d'Inghilterra aveva dipinto il volto con la biacca bianca assurgendo a simbolo bidimensionale del potere, della regalità, così Grace si trasforma a poco a poco in una tridimensionale scultura scolpita da veli, mantelle, lunghi caftani. Una elegante statua della regalità. Ma è curioso ritrovare, lampeggianti qua e là nelle foto, decennio dopo decennio, alternate a gioielli importanti – cascate di brillanti, collier da sogno e spille gigantesche, spesso prestati da grandi case, come Cartier – le perle della semplicissima parure, collana e bracciale a tre fili, con una doppia, piccola chiusura di oro e brillanti, che Ranieri le aveva regalato poco dopo il loro primo incontro. Un pegno d'amore che, evidentemente, le era caro più dei gioielli della corona.

GRACE - *Un nome, una borsa*

Negli anni Trenta Robert Dumas – genero del nipote del fondatore della Maison Hermès – aveva elaborato un modello di borse porta-sella della fine del XIX secolo in un modello di borsetta da donna, abbastanza grande, chiusa da un fermaglio. La borsa, sportiva ma nello stesso tempo classica, piace e viene adottata da molte clienti di Hermès; tra queste Grace, immortalata mentre ne chiude una nel suo camerino a Hollywood. Ma è quando lei la usa per schermare la pancia della gravidanza, in una foto che fa il giro del mondo sui giornali, che la borsa diventa «La Kelly». Rivisitata nel 2000, nel 2004 e ancora qualche anno fa, La Kelly è tuttora in vendita, con la stessa chiusura copiata dagli anni Trenta; anche in pieno 2010, un nuovo modello lanciato sul mercato viene chiamato Borsa Grace.

Rimanendo nel campo degli accessori, Grace possiede grandi scatole in legno formate da cassettini pieni di occhiali. Quegli occhiali che dovrebbe indossare perché molto miope – quegli occhiali che non indossa mai (a meno che non ci sia il sole, e allora ne inforca di scuri) perché non lo vuole confessare. Così, per non mostrare un suo difetto, rischia di essere considerata maleducata: perché non vede bene, non riconosce e, lei così formale, non saluta. Quella miopia che le dà però anche quello sguardo puntato nel vuoto che, da sempre, aggiunge fascino al suo fascino.

DIANA - *Il mio abito Grace Kelly*

La giovane Sloane Ranger che arriva alla corte d'Inghilterra è quanto di più lontano si possa immaginare dall'icona di stile che sarebbe diventata nella maturità. Veste alla Laura Ashley, ovvero con gonne al polpaccio e arricciate in vita, collettoni, maniche a palloncino oppure jeans e camicetta.

Diventa subito preda facile dei sarti di corte che a lungo la vestiranno vandalicamente. È grazie alla sua indubbia maestà fisica se appare ugualmente bella, riuscendo piano piano a eliminare dal suo guardaroba i cappellini a forma di meringa o piumati, i colori pastello troppo accesi e le linee sciolte, perfette per la regina ma inadatte a una poco più che ventenne snella.

Ma la moda interessa davvero a Diana. Le piace fin da subito, dalle prime apparizioni in pubblico con Carlo (dove è abbigliata tragicamente) in cui viene aiutata anche da truccatori di grande mestiere. Così grazie all'uso di mèches, all'applicazione sapiente del contorno occhi, di abili sfumature sulle guance sarà in grado, per anni, di nascondere anoressia e bulimia.

Non avendo la possibilità di liberarsi del sarto della regina, Diana inizia a crearsi un circuito parallelo di stilisti a cui si rivolge per la vita privata.

I primi a cui si affida sono i fratelli Emanuel che le cuciono l'abito di nozze da mondovisione (ma non andranno mai oltre un'onesta fama nazionale) e poi Bellville Sassoon, mentre per lo stile complessivo si lascia guidare dalle redattrici di *Vogue Uk*. Inutile dire che, per ragioni di Stato, deve indossare abiti inglesi.

Il risultato è una ragazza di vent'anni che ne dimostrava venti in più: capelli laccatissimi, abitoni quando è incinta, colli alla marinaretta, copricapi napoleonici. Celebre (nell'orrore) rimarrà il capello da gondoliere intonato al vestito in stoffa tartan con cui visita Venezia nel 1985. Quando anni dopo lo rivede, nel periodo in cui sta vagliando il suo guardaroba per metterne all'asta per beneficenza i pezzi più rappresentativi, ne rimane – anche lei – inorridita. Ciò nonostante «buca» il video, le macchine fotografiche sono sempre pronte a scattare quando c'è lei, la sua immagine gira il mondo. Forse perché Diana è maestosa, dotata di grande presenza fisica. Ha la capacità – che per esempio è stata di Jacqueline Kennedy, che indubbiamente era di Grace – di non farsi trasformare dagli abiti ma di dominarli. Era lei che li portava in giro, non loro che la nascondevano. Così, pur criticata per il temibile stile cui la costringono i Windsor, agli occhi non solo degli inglesi appare allegra, giovane, simpatica. I vestitini da fatina e i cappellini passano in secondo piano.

Poco per volta, però, Diana acquisisce sicurezza, riuscendo a limitare i danni dei sarti reali. Se era partita per il viaggio di nozze con un abito in due pezzi stampato a erbario e cappello coordinato, che sarebbe stato perfetto per la centenaria regina madre, e per tutta la gravidanza di William indossa dei veri obbrobri, non appena ritorna in forma comincia ad abbigliarsi con più cura. Via le gonne a ruota, gli improbabili cappellini e le ballerine a favore di tailleur dalla gonna dritta con giacca lunga sui fianchi, in genere ornati preziosamente per evadere dalla semplicità della palette di colori che aveva creato: blu, bianco, rosso crema. I décor degli abiti sono ancora tragici, come quello da ammiraglio in oro su fondo bianco che sfoggia durante un viaggio, o come il gioco di bianchi e neri di un tailleur da occasione ufficiale. Ma con scarpe ben coordinate dotate di tacco basso che però slanciano, cappello piccolo che valorizza i bei capelli e gli occhioni, e linee meno opprimenti, è già un passo avanti rispetto al resto della famiglia reale. I sarti di corte sanno fare bene solo gli abiti per gli impegni ufficiali, rasi e decori con giacchina su un lamé tagliato stile impero, e quelli da ballo. Saranno questi ultimi, specie quello indossato per danzare con John Travolta, a rendere Diana un'icona di stile. Li sceglie ricchi ma evita gli addobbi, la linea è obbligatoria e sottolinea la sua figura snella, il diadema le dona molto, l'effetto finale è fantastico. Con il guastarsi del matrimonio – e ovviamente col diradarsi delle uscite ufficiali con Carlo – Diana si azzarda ad acquistare qualche capo straniero che indossa nel tempo libero. Una borsa di Gucci, un paio di scarpe Chanel, un set di valigie Louis Vuitton alleggeriscono il gusto anglosassone. Inoltre comincia piano piano a «tradire» i sarti di corte a favore di Escada, di Chanel e di Dior. In qualche cena ufficiale, specie in Francia, preferisce abiti degli stilisti di quei Paesi in omaggio ai suoi ospiti.

Bisogna attendere la separazione, e la necessità di ben figurare alle manifestazioni di beneficenza perché Diana cambi look e si trasformi da principessa formale a donna di cuori, un po' troppo truccata e pettinata, ma già molto elegante.

Licenziati in tronco i sarti della regina, la principessa scova alcuni stilisti inglesi che sanno comprenderla e renderla più elegante. Nel tempo libero si veste in maniera più casual che in passato, e per le occasioni ufficiali e le serate si affida a Catherine Walker e Victor Edelstein che la accompagnano nelle sue attività pubbliche dopo il divorzio.

Per le cerimonie mattutine, Diana cassa già in quegli anni i completi nazionali per vestire il classico tailleur Chanel così amato da Grace, e che avrebbe usato tanto in futuro, di lana bouclé nei colori celeste, crema e bianco. Tanto Walker che Edelstein la rinnovano mettendole in risalto la scollatura con abiti sbracciati e intrecciati sul seno, fra cui uno bianco che Diana adorava e chiamava «il mio vestito alla Grace Kelly».

La incoraggiano anche ad accorciare gli orli per mostrare le gambe e le creano più di un vestito da sera con piccole code moderne, così diverse dai pesanti strascichi da principessa. È Christina Stambolian a disegnarle l'abito con cui sciocca Londra la notte dell'intervista in cui Carlo confessa in tv il suo adulterio con Camilla: Diana risponde mediaticamente presentandosi elegante e sexy a un concerto. Un insieme nero senza maniche, corto, con coda di voile che le vale le prime pagine e i titoli «Ecco la donna di sogno che Carlo ha tradito per Camilla».

DIANA - *Il tocco della Medusa*

È il divorzio, e l'incontro con Gianni Versace, a liberare del tutto Diana dal suo aspetto formale. Via il trucco da scena, la permanente, le mèches, le gonne al polpaccio. Diana si rinnova del tutto con un maquillage leggero, capelli spettinati sostenuti solo da un buon taglio. Più, il meglio della sartoria Versace, dell'inconfondibile stile siglato dalla testa della Medusa. Abiti scolpiti sul suo corpo, scollati, corti, fatti per sedurre e valorizzare le reali bellezze della donna, anziché penalizzarla con un'eleganza stereotipata e ingessata.

Diana sembra ringiovanita di dieci anni dopo la «cura Versace» come provano le foto che le scatta Mario Testino, dove struccata e coi capelli al naturale sorride elegante e sensuale. Di Versace sono gli abiti da sera supersexy del '96 e del '97 accompagnati da italianissime scarpe.

Ovviamente nessuno stilista avrà l'esclusiva di Diana. Il suo guardaroba sarà pieno per anni del meglio della moda francese e italiana assieme a pezzi comprati in tutto il mondo. Diana ama vestire e spende capitali per farlo.

Di giorno, però, sempre grazie ai consigli di Versace, oltre ai tailleur adotta jeans e scarpe da ginnastica o mocassini piatti con giacche sportive. Ha trentacinque anni e ora non vuole mostrarne uno solo di più. E ci riesce.

Ne è passata di acqua sotto i ponti dall'orrendo tailleur gusto hostess del fidanzamento o dal lungo abito rosa con bolero coperto di fiocchetti, leziosamente disgustoso della prima foto ufficiale da principessa di Galles.

Dopo i trent'anni si è lasciata alle spalle il periodo ragazza di campagna, quello di principessa alle prime armi, poi quello di seduttrice, per arrivare a saper vestire perfettamente esaltando la propria personalità. Oltre alla crescita personale e all'affinamento del gusto, è determinante anche la presenza di Hasnat Khan, l'uomo che finalmente la fa sentire amata e protetta, che nutre la sua autostima.

Ma il vero artefice del cambiamento è Gianni Versace che muore assassinato a Miami poco più di un mese prima dell'incidente nel tunnel dell'Alma. E la presenza di Diana commossa ai suoi funerali conferma il feeling che passava fra i due. Nessuno, vedendola quel giorno, nel Duomo di Milano fitto di star, avrebbe mai pensato che presto sarebbe stata lei l'oggetto di un simile omaggio da parte dei suoi sudditi, trasformati in fan.

Gli amanti

Diana giunge vergine all'altare dove Carlo la aspetta, ma saprà poi ben recuperare il tempo perduto nel gelido letto del principe, scegliendo purtroppo i suoi partner fra le persone più sbagliate. E, con rare eccezioni, fra le meno discrete. Alla faccia dei gentlemen inglesi e della loro fama di discrezione.

Per quanto riguarda Grace, invece, nemmeno le biografie più edulcorate riescono a nascondere le numerose relazioni avute prima delle nozze – e, non dimentichiamolo, siamo nei primi anni Cinquanta, quando il concetto di rapporti prematrimoniali non era certo diffuso. Ma, si sa, il mondo dello spettacolo non ha mai brillato per la strenua difesa della moralità, se non a parole, e in pubblico. Grace ha in comune con Diana una discreta passionalità a cui, per sua fortuna, Ranieri saprà far fronte, almeno nei primi anni di matrimonio; ma ha anche la capacità, a Hollywood prima da principessa poi, di riuscire a nascondere a occhi indiscreti relazioni anche turbolente e movimentate. Aiutata, va detto, dagli Studios, decisi a fare di lei la regina dello schermo, fra ghiaccio e fuoco, un'icona di stile e di eleganza da contrapporre alle maggiorate dal fascino torbido e sensuale. Divisa fra una passionalità istintiva e una pseudomorale delle apparenze a ogni costo, schiacciata da una famiglia che non ritiene adatto a lei nessuno dei suoi numerosi corteggiatori e amanti, bisognosa di quelle conferme che il pur amatissimo padre e la rigida madre le hanno sempre negato, Grace conduce una doppia vita, sul filo sottile del rischio, per tutti gli anni della sua attività nel rutilante mondo di Hollywood.

GRACE - *Passioni giovanili*

Il primo flirt di cui si ha notizia, nella vita di Grace, è con un amico del fratello, Harper Davis, che la invita al ballo della scuola. Le invia anche un piccolo bouquet da appuntare all'abito, che lei conserva prima in frigorifero, perché non si rovini, e poi lascia seccare per inserirlo in uno dei suoi numerosi album di ricordi, dove incolla e didascalizza fiori (inizia così la sua passione per il collage di petali?), inviti, biglietti del cinema, programmi di teatro, auguri di Natale e persino le carte delle gomme da masticare. Annota con precisione data, nomi, eventi e il regalo che accompagna un particolare biglietto. Quel primo lontano amore ha una fine tragica. Harper, colpito dalla sclerosi a placche, muore giovanissimo. Grace supera il dolore buttandosi nella sua nuova passione, la recitazione, e riesce infine a essere ammessa alla scuola d'arte drammatica di New York. La famiglia è preoccupata della sua sorte nella metropoli, quindi le procura una stanza al Barbizon, un convitto per ragazze di buona famiglia (ospitò anche Jacqueline Bouvier, poi Kennedy) in pieno centro di Manhattan, un bellissimo palazzo di mattoni rossi poi trasformato in un albergo di lusso, giusto dietro l'angolo delle luminose vetrine della Fifth Avenue. Al Barbizon era severamente vietato l'ingresso ai maschi, che non potevano neppure avvicinarsi alle stanze delle ragazze. Insomma, un vero e proprio bastione della virtù per ricche fanciulle in fiore. Perfetto per la puritanissima famiglia Kelly. E proprio a New York, con un suo professore, Don Richardson, Grace mette in moto una sequenza che si ripeterà tante volte nella sua vita. L'innamoramento, la decisione di sposarsi, la presentazione in famiglia; poi, il rifiuto e l'ostilità del clan Kelly – sempre gli stessi i motivi: lui è troppo vecchio, non è cattolico, è sposato o divorziato, non è sufficientemente affidabile – a cui fa seguito, dopo un tempo variabile, l'addio. Grace e Don dunque flirtano; lei parla di matrimonio (di lui, ufficialmente ancora sposato, ma di fatto separato dalla moglie, non si conoscono le vere intenzioni). Lo invita a casa per un weekend. Il primo di una serie di incidenti simili: pa' e ma' Kelly non gli rivolgono quasi la parola, poi chiudono la figlia in una stanza e la sommergono di critiche. Lui non va bene, non è l'uomo giusto, non è adatto a lei. Lei piange, si dispera, scrive alle amiche, ma poi, a poco a poco, prende le distanze da lui.

Tornata a New York cerca di distrarsi: la presenza in città dello scià di Persia è al centro di eventi mondani a cui Grace partecipa... a fianco del monarca. Reza Pahlavi apprezza la sua compagnia e la ringrazia regalandole preziosissimi gioielli. Quando la notizia arriva alle orecchie di ma' Kelly (bisogna ammettere con considerevole coerenza) lei si precipita a New York per imporre alla figlia di restituire i preziosi regali. Grace rifiuta perché, sostiene, «non si possono rendere i regali a un re». Ma quando Don Richardson vede i regali, di cui conosce il codice, capisce: «Grace mi mostrò un prezioso braccialetto di smeraldi, regalo dello scià. Ne conoscevo il significato. Era il regalo alle ragazze che aveva sedotto». (Lei, in ogni caso, conserverà i gioielli fino al fidanzamento con Ranieri.) Altra vittima «regale» delle arti seduttive di Grace è il principe Alì Khan, figlio dell'Aga Khan, che alla fine sposerà un'altra bellissima attrice, Rita Hayworth. L'ultimo amore di Grace prima del successo è un collega attore, Gene Lyons: è irlandese, ha i capelli rossi e dieci anni più di lei. Ma, come tanti prima di lui e altrettanti dopo, non può ottenere l'approvazione di ma' Kelly. La storia sfuma nel nulla quando Grace riceve la convocazione per il film che la consacrerà diva del grande schermo: *Mezzogiorno di fuoco*. Deve presentarsi a Los Angeles, il 28 agosto 1951. La sua vita è a una nuova svolta.

GRACE - *Amori da set*

Mezzogiorno di fuoco è il primo film che lancia Grace Kelly nell'olimpo hollywoodiano – e coincide con la prima di una serie di roventi relazioni con i suoi partner cinematografici, normalmente di maggiore età e maggior successo. Una serie che inizia proprio con Gary Cooper. Tanto maschio quanto damerino, con l'aggiunta di quell'ingrediente, il successo, che a lei ancora manca, di ventotto anni più vecchio di lei, Cooper è perfetto per far colpo su Grace. E se la sorella Lizanne afferma «Grace era infatuata di Gary, ne era molto affascinata», lui conferma con un amico che fra lui e Grace c'è stata una relazione. Ma quando la notizia del flirt arriva a Philadelphia la famiglia decide che Cooper, benché star della celluloide, è decisamente troppo anziano per Grace e, cosa ancor più grave, è sposato. La madre e la sorella volano sui luoghi delle riprese per fare da chaperon alla giovane attrice, o perlomeno per salvare le apparenze. Il successo del western porta a Grace un altro ruolo interessante. In un film, *Mogambo*, che la porterà «in Africa, con Clark Gable!» come spiega entusiasta in una telefonata alla madre. La quale, probabilmente, non è così felice di sapere che la figlia vada così lontano – difficile davvero essere con lei sul set dall'altra parte del globo – e lavori a fianco di un attore così affascinante. Fascino a cui Grace non sa o non vuole resistere, reso ancor più magico dall'atmosfera del set, fra animali selvaggi, panorami mozzafiato, terre primitive mai fotografate prima. Se certamente Grace subisce il fascino di Gable, e altrettanto certamente lui quello di lei, diverse sono le versioni sulla loro relazione: secondo alcuni i due ebbero una rovente liaison; secondo altri lei fu per lui solo la storia di qualche notte, mentre per altri ancora la reciproca fascinazione non superò la soglia della camera da letto – in quel caso, molto spesso, della tenda in cui dormivano dopo le riprese, nella savana. Da quel set, però, Grace porta a casa un rapporto davvero duraturo: quello con Frank Sinatra, allora sposatissimo con Ava Gardner, e con la diva, che le furono amici cari e sinceri per tutta la vita.

Uno che subisce certamente il fascino di Grace, ma che sicuramente lei non ricambia, è il regista che dà una nuova direzione alla sua carriera: Alfred Hitchcock. Anche il suo partner sul set de *Il delitto perfetto* si innamora di lei: Ray Milland. Questa volta, come tante altre prima e dopo, ricambiato. La relazione fra i due è nota sul set, e sembra davvero una cosa seria. Milland, che ha alle spalle un matrimonio più che ventennale, progetta di chiedere la separazione e lui e Grace iniziano a parlare di matrimonio. La moglie di lui, stando alla testimonianza di un agente pubblicitario che conosceva bene entrambe, non si oppone: «Vai pure avanti» disse a Ray. «Divorzia, sposa Grace Kelly. A me sta bene, perché tutte le proprietà sono intestate a me.» Una pressione non da poco, che si somma a quella esercitata dai Kelly: di nuovo un uomo di vent'anni più anziano, dalla dubbia reputazione, per di più sposato, sposatissimo. «Questa gente di Hollywood» è il commento di Jack Kelly «pensa al matrimonio come al gioco delle sedie in salotto.» Il film successivo di Grace, *La finestra sul cortile*, interrompe la tradizione del nuovo set nuovo amore: James Stewart, fresco di nozze, non è interessato a una relazione, sebbene Grace in questa pellicola sia più bella che mai. Ma la tradizione riprende presto, stando ai maligni, con *I ponti di Toko-Ri*, sul cui set Grace inizia una relazione con William Holden, dodici anni più di lei, donnaiolo incallito appena ripresosi da una cotta per Audrey

Hepburn nata sul set del film *Sabrina* (relazione conclusa da lei dopo aver scoperto che lui era sterile). Il legame con Holden è così forte, nonostante il matrimonio di lui, che Grace, di nuovo, pensa alle nozze; si informa persino con un sacerdote di fiducia per scoprire che quando un uomo divorziato non cattolico, come nel caso di Holden, abbraccia la fede cattolica, il suo precedente matrimonio non viene considerato valido. I due, quindi, parlano di sposarsi: Holden però, non ha nessuna seria intenzione né di divorziare né di convertirsi per sposare Grace. Questa volta i tabloid si scatenano sulla storia, tanto che Jack Kelly Senior e Junior si recarono alla sede della rivista *Confidential*, quella che era stata più perfida con la coppia, prendendo a male parole i redattori. Grace stessa, nelle interviste di quel periodo, sente la necessità di giustificarsi dalle accuse di essere una rovinafamiglie.

La tesi dei difensori della sua immagine pulita è: come avrebbe fatto a nascondere tutte queste relazioni in un mondo pettegolo come Hollywood? La risposta non è difficile: primo, non è riuscita a nasconderle del tutto, visto che numerose dichiarazioni le provano; secondo, aveva dalla sua i potenti uffici stampa delle major, interessate a non stroncare sul nascere questa diva che, con il suo mix di fascino sottile e apparente elegante perbenismo bucava lo schermo; terzo, la sua disponibilità sul set, la sua gentilezza nei confronti di tutti negli Studios, la sua bellezza e il suo garbo che le assicurano l'altrettanto potente protezione di una rete di amici che coprono, per quanto possibile, le sue scappatelle.

In ogni caso, scottata dai pettegolezzi delle sue relazioni sul set, Grace si sceglie il partner successivo fuori dalla cerchia di colleghi. Oleg Cassini, stilista di moda e assiduo frequentatore del jet set, confesserà in seguito di essersi innamorato di Grace dopo averla vista in *Mogambo*. Fiori, inviti, un corteggiamento elegante ma insistente: se non altro Cassini riesce ad assicurarsi l'amicizia di Grace. La quale, quando rompe con Milland ed è in procinto di trasferirsi nel Sud della Francia per girare *Caccia al ladro*, gli invia una cartolina con scritto «Chi mi ama mi segua». Cassini la segue, e la loro relazione prende un'altra piega. Tanto che quando lei gli chiede quali sono le sue intenzioni, lui si dichiara disposto a sposarla. Anzi lo mette per iscritto in un biglietto, curiosamente in italiano: «Ti amo e ti voglio sposare. O» ancora conservato fra le sue carte. Lei, per parte sua, si illude che essendo lui al momento scapolo – anche se divorziato e di religione protestante – verrà accettato dai suoi. Presa da Cassini, si lega invece con Cary Grant, suo partner sul set, in un'amicizia profonda che durerà tutta la vita.

Decisa ancora una volta a presentare Oleg in famiglia, ma questa volta determinata a farlo accettare, Grace inizia con quella che crede essere la componente più malleabile del clan: sua madre, che ha espresso in passato ammirazione per il lavoro dello stilista. I tre si trovano a cena a New York. Oleg anticipa a bella posta le obiezioni della potenziale suocera: è libero, in ottimi rapporti con la ex moglie, con un considerevole patrimonio personale e, una volta innamorato, fedele. Doveva essere stato convincente, perché ma' Kelly lo invita a Philadelphia. Dove, come da copione, padre e fratello praticamente non rivolgono la parola all'ospite, che rimane gelato dal trattamento. Gli è chiaro di non essere gradito e che mai la famiglia potrà accettarlo. Grace questa volta si ribella e propone a Oleg di sposarsi subito, in segreto; ma, come sempre, la disapprovazione della famiglia finisce per avvelenare la relazione alla radice e, pochi mesi dopo, lei lo lascia. Anche se ne è ancora del tutto ignara, sta per iniziare, per lei, davvero un altro film...

DIANA - *Il primo amante non si scorda mai*

Il matrimonio dei principi di Galles – a dispetto di quanti ne attribuiscono la fine solo all'amore di Carlo per Camilla – si è rivelato una catastrofe sessuale, segnata da una reciproca e totale incompatibilità.

Diana, da ragazzina qual è al momento del matrimonio, spera di piacere al marito vestendosi o acquistando négligé da donna ben più matura. Lui la trova fredda come il marmo e la va a trovare non più di una volta al mese nei momenti di massima espansività.

Dopo la nascita del secondogenito, che garantiva sicura discendenza alla dinastia, Carlo diserta per sempre il letto coniugale accasandosi di fatto con Camilla (cosa che non gli impedisce di coltivare affettuose amicizie con Lady Kanga Tryon, un'amica di Camilla, e con Tiggy Legge-Bourke, la bambinaia di William e Harry, che non a caso viene odiata non appena mette piede a palazzo sia da Diana che da Camilla).

E Diana? Mentre matura dentro di sé un risentimento inestinguibile per la famiglia reale e studia il modo per demolire la figura di Carlo come futuro re degli inglesi, si ritrova in un letto gelido e vuoto a soli venticinque anni. Troppo pochi per resistere, troppo pochi per desistere.

E, inesperta della vita, infantile, ma anche narcisista e autoritaria, si lega a uomini di condizione sociale ben inferiore e, soprattutto, poco affidabili, come per esempio James Hewitt, che venderà al mondo la loro storia d'amore in cambio di sonanti sterline.

Il crescente egocentrismo di Diana si traduce in un presenzialismo esasperato che mira a oscurare la figura di Carlo; nel frattempo lei si getta nelle braccia del primo che passa, per poi sostituirlo con un altro e poi con un altro ancora fino all'incontro con Hasnat Khan, il chirurgo pakistano gentiluomo, che sarà il suo vero grande amore. È un passare da guardie del corpo a giocatori di rugby, da venditori di auto usate ad approfittatori.

Oggi la stampa scandalistica attribuisce alla compianta «regina di cuori» ben quattordici amanti, fra cui il maggiordomo Paul Burrell, di cui Diana si fidava ciecamente – e che l'ha ripagata descrivendola nelle sue memorie come assatanata e pervertita – e il cantante Bryan Adams, che invece non ha mai confermato. Si è parlato anche di una relazione con Valery Giscard d'Estaing – e lo stesso presidente francese avrebbe narrato la loro storia in un romanzo a chiave molto pubblicizzato – in una sequela di gossip in cui l'unico elemento certo semb a essere... la fantasia.

La storia vera, in realtà, non è così esagerata, ma neanche edificante. È la vicenda di una donna che ha solo il suo corpo e la sua fama per farsi amare, che adora essere corteggiata e mollare gli uomini dopo averli illusi. E della distorsione che, ancora una volta, su di lei provoca la vita di corte mescolata all'idolatria dei tabloid. Tabloid che Diana imparerà a poco a poco a manipolare, al punto che il principe di Galles, durante le pratiche per la separazione, si rifiuterà di aprire bocca in sua presenza dichiarando: «Per poi vedere scritto tutto sui giornali domattina? No grazie».

Da ragazza, quando ancora non è nato Harry, la corte la mette in croce perché dà troppa confidenza a Barry Mannakee, la sua guardia del corpo nonché suo principale consolatore.

Diana, che piange in continuazione, gli si appoggia, gli mostra confidenza in pubblico. Si mormora che siano amanti. Carlo, alle prime avvisaglie dei pettegolezzi, lo fa trasferire tra i singhiozzi della moglie, che si sente più sola che mai. Mannakee perde la vita nove mesi dopo in un incidente di moto e Diana si ritrova sull'orlo della disperazione. Comincia a convincersi che i nemici della corona finiscano sempre col ritrovarsi i freni danneggiati o la macchina sabotata. In questo senso vanno lette le molte lettere che espongono queste tesi scritte dopo il divorzio, quando Diana pensava che solo la sua morte avrebbe reso possibili le nozze fra Carlo e Camilla. E a questo si ispirano tuttora coloro che vedono nell'incidente dell'Alma la mano dei servizi segreti e del principe Carlo.

Dopo aver flirtato con numerosi esponenti dell'aristocrazia inglese e internazionale, probabilmente solo per soddisfare la sua inguaribile necessità di essere ammirata e adulata, Diana trova un interessante partner sessuale nel suo insegnante di equitazione, il maggiore James Hewitt, che le sembra l'uomo ideale. In molti sensi: è aitante, attivo, virile. Ma anche inferiore di rango, disponibile, manipolabile. Secondo le fonti ufficiali, la relazione inizia nel 1986, per interrompersi svariati anni dopo. È un periodo segnato dall'infedeltà di Diana e dal silenzio del principe di Galles il quale, ben contento che la moglie non dia più in smanie, si limita a lasciarla fare. È anche la storia che permette a Diana, per la prima volta sessualmente soddisfatta e ammirata quanto le basta, di provare a superare i disturbi alimentari, frequentare una palestra e guadagnare in eleganza e portamento.

La storia, che viene monitorata dai servizi segreti britannici, in un primo momento riesce a restare nell'ambito della discrezione. Questo fino alle sue ultime battute, quando Hewitt, mollato dalla mattina alla sera da Diana come si licenzia un cameriere, si rivela al mondo scrivendo, a quattro mani con Anna Pasternak, *Princess in Love*, in cui l'intera vicenda viene raccontata per filo e per segno. L'impresa vale a Hewitt l'esilio, volontario, in Francia e una paccata di milioni. E forse un po' del gusto piacevole della vendetta.

La storia inizia per caso, come molte altre. Diana vuole prendere lezioni di equitazione; il maggiore sembra la persona più adatta a rassicurarla (da bambina si era rotta un polso proprio cadendo da cavallo e da allora ne aveva paura). Una seconda versione vuole, invece, che sia stata Diana a notare l'aitante maggiore e ad avvicinarlo. Comunque, dopo varie schermaglie, pianti e sensi di colpa, nel 1986 a Kensington Palace i due diventano amanti, Diana scopre il sesso e si convince di essere innamorata.

Hewitt inizia a subire quello che aveva già passato Carlo: telefonate continue, capricci di ogni genere, sesso richiesto con prepotenza, ordini. Ma James non è un problematico principe innamorato di un'altra donna, bensì uno zerbinotto che non può credere di avere nel letto la principessa di Galles, e che pende dalle sue labbra. Così, tollera di buon grado, molto gratificato dall'intera vicenda. Che vedrà presto coinvolti sia i principini, che Diana si portava appresso nelle occasioni pubbliche all'aria aperta, sia la madre di Hewitt che ospiterà spesso la coppia clandestina nella propria abitazione.

Diana confessa all'amante la bulimia chiedendogli aiuto. L'insicurezza sul proprio aspetto fisico è sempre al centro, come con Carlo, di scenate, che lei si fa poi perdonare regalando abiti, golf di cachemire, oggetti di valore.

Dalle testimonianze – umanamente scellerate – di James Hewitt emergono anche altri dettagli che corrispondono a quelli riferiti dal principe di Galles nella cerchia dei suoi amici, che poi rifluiranno in una biografia pro Carlo, la risposta a *Diana, la sua vera storia*.

«Diana» riferisce Hewitt nelle sue memorie «sentiva

di essere falsa davanti agli altri quando se ne stava in loro compagnia apparentemente impeccabile e graziosa mentre dentro di lei era sconvolta dalla forza dell'autodistruzione... e fu una fortuna che non avessi capito quanto la potenza maligna della mente di Diana ne avesse ucciso la razionalità, altrimenti non sarei stato in grado di aiutarla.»

Nel 1987 Diana, come sempre, sta malissimo ma questa volta decide di farsi curare e il merito va riconosciuto a James Hewitt, che ebbe una parte importante nella decisione. Lui è un uomo vanesio e privo di interessi culturali ma molto sano dal punto di vista fisico e sessuale. Con pazienza, supportandola, coccolandola e incoraggiandola continuamente, spinge Diana verso la guarigione dalla bulimia.

In quel periodo, come hanno raccontato sia lei nell'intervista alla Bbc sia lui nel libro citato sopra, la loro storia è allo zenith.

Diana si fa visitare e opta per la psicoterapia (è ancora contraria agli psicofarmaci, come nel periodo della gravidanza di William) e, forte della sua iniziativa, comincia a civettare in giro, rassicurata dalla perenne ammirazione del maggiore. Per curarsi si sottopone, inoltre, a massaggi, ipnoterapia, agopuntura, cromoterapia. Lentamente sta diventando sempre più indipendente e le opere di carità cominciano a diventare il suo interesse principale.

Alla fine della love story sarebbe rimasto ben poco della piagnona bulimica che Hewitt aveva raccolto e aiutato. E, proprio per questo, per sua sfortuna, lui diventerà superfluo.

Diana è sessualmente vorace e aggressiva, sgrida Hewitt se per un caso qualsiasi, una sera non è disponibile, lo tratta come un toy boy, e incomincia a stufarsi di lui. Più tardi confiderà alle amiche «Era interessante più o meno come un modello per lavori a maglia». Prima, però, una sera vuole averlo con sé a Kensington Palace con presente anche il principe Carlo. Vanno a fare l'amore in giardino, incuranti delle guardie e dell'eventuale scandalo. Una piccola ripicca.

Nel 1990 Hewitt viene spedito in Kuwait per combattere nella Guerra del Golfo. Diana diventa la caricatura dell'amante disperata, segue i bollettini, scrive lettere appassionate ma dentro di sé è già oltre la loro storia: ci sono altri corteggiatori nella sua vita, uomini nuovi che la vedono come una dea e nulla sanno dei pianti e dei disturbi alimentari.

Hewitt, dal canto suo, si comporta da quel furfante che è: chiama Diana dal telefono di un giornalista del popolare foglio inglese *The Sun* (il quale prende nota di ogni parola diligentemente), proclama che Diana è la sua migliore amica, che si scrivono tutti i giorni e altri particolari privati che fanno mangiare la foglia a più di uno. E a tutta la nazione.

Quando torna, per essere immediatamente rispedito lontano, di stanza in Germania (evidentemente Carlo è paziente ma non troppo e non tollera più i servizi fotografici che hanno per soggetto il maggiore, la principessa e i loro bambini), Diana non se lo fa più neanche passare al telefono privato con cui comunicavano. E si nega a ogni altro approccio.

Lo sciocco maggiore – del quale tutt'oggi si conoscono solo le doti di gran seduttore e amante – si trova improvvisamente sbalzato fuori dalla fiaba.

Innamorato o no, ci resta malissimo.

Spinto dalla rabbia sbandiera al mondo intero che la principessa non aveva mai provato un orgasmo in vita sua e che solo con lui aveva conosciuto le gioie del sesso. Inoltre insinua che sua possa essere la paternità di Harry che, in effetti, gli assomiglia come una goccia d'acqua. Quello è anche il momento che il maggiore sceglie per dare alle stampe il suo libro di memorie, proprio mentre Diana sta trattando il divorzio. Pur avendo troncato lei la relazione, e molto bruscamente, senza mettere in conto reazioni di sorta, Diana è sciocccata, si sente tradita.

«Ebbi un relazione con James» dichiarerà alla Bbc «ne ero molto innamorata, ma il suo comportamento mi ha deluso moltissimo.»

Anche lui è preso alla sprovvista quando da una mattina all'altra si trova bloccata la linea privata con la principessa. E poi, nel 1991, anno della Guerra del Golfo, Diana sta già flirtando con altri. Pronta a cacciarsi in nuovi guai.

DIANA - *L'antiquario*

Oliver Hoare nel 1992, quando conosce Diana, è un quarantasettenne di bella presenza e buona istruzione che la avvicina in veste di amico di Carlo, nel tentativo di portare una parola di saggezza nel matrimonio del secolo, che inesorabilmente sta andando in frantumi. Nessuno ha trascritto telefonate o raccontato, come è avvenuto per gli altri amanti, come si conobbero e quando. Le uniche cose certe sono che Hoare, sposatissimo con una Lady francese (che, manco a dirlo, si chiama Diane), vive con i soldi di lei. E che ha due figli e nessuna intenzione di divorziare dalla moglie cui, scappatelle a parte, è molto legato.

I dinieghi di Hoare e l'ego ferito di lei si scontrano producendo quanto di peggio si possa immaginare. Diana, dopo due anni di alti e bassi, sentendosi respinta, inizia a perseguitare telefonicamente la signora Hoare, così come aveva fatto con Camilla. Solo che non incontra la medesima discreta reazione.

In casa Hoare il telefono squilla di giorno, di notte, a tutte le ore. Se risponde una voce di donna, Diana riattacca o resta sospesa in un lungo silenzio, che finisce per preoccupare la signora Hoare. La quale si rivolge alla polizia e fa mettere i telefoni sotto controllo. È probabile che le fosse giunto all'orecchio qualche pettegolezzo, dato che il marito e Diana non erano certo fenomeni di riservatezza. Ma lei, anziché abbandonarsi a scenate, opta per una mossa razionale e ufficiale: la denuncia.

Il marito, spiega ai poliziotti, tratta spesso pezzi di alto antiquariato con gli arabi, e lei teme che possa essere vittima di qualche fanatico.

Gli agenti prendono doverosa nota della dichiarazione e si mettono al lavoro.

Dopo pochi giorni, un imbarazzato commissario spiega alla signora Hoare che le chiamate che da due anni tempestano casa sua provengono da tre linee fisse riferibili all'abitazione della principessa Diana a Kensington Palace e da una quarta sita nella casa di sua sorella Lady Sarah McCorquodale. Le altre dal cellulare della principessa e dalle cabine telefoniche attorno a palazzo.

Per evitare lo scandalo, Scotland Yard interpella la squadra di protezione di Diana affinché qualcuno le spieghi che è decisamente il caso di smetterla. Hoare viene preso di sorpresa, perché non sapeva nulla dell'iniziativa della moglie, e si rifugia tra le braccia della consorte. Insieme, al di là di probabili rappresaglie familiari, si chiudono in un totale riserbo.

Ma le questure, anche quelle britanniche, sono dei colabrodo e su *News of the World* e poi sugli altri tabloid viene fuori tutto. È uno dei tanti «Dianagate».

È una donna potente e arrogante quella che si comporta così, una donna che esteriormente si schiera per una maggiore eguaglianza fra gli esseri umani, ma che poi come contessa Spencer e principessa di Galles si ritiene superiore alla banale consorte di un antiquario. Né le interessa che, per la prima volta, la corona subisca l'onta di avere un membro della famiglia sotto inchiesta.

Il legale le consiglia di non rilasciare dichiarazioni e di non comparire in pubblico finché le acque non si saranno calmate. E lei... fa il contrario.

Certa di tirare la stampa dalla sua parte, chiama un giornalista del *Daily Mail* e gli fissa un appuntamento per un'intervista. Non a casa sua, luogo in cui nessuno avrebbe potuto vederli, bensì a Talbot Square, dove si presenta travestita in jeans, giubbotto e cappellino da baseball. A riceverla trova il giornalista interpellato e un fotografo del *Sun*, i cui scatti fanno immediatamente il giro del mondo.

Al giornalista recita frasi drammatiche. «Che cosa ho fatto per meritarmi questo?»... «Mi sento come se mi avessero distrutta»... «Stanno cercando di fare credere che io abbia avuto una relazione con Hoare o una sorta di attrazione fatale...»

Dopo molte chiacchiere e altrettante lacrime, però, fanno capolino l'insicurezza e la paranoia: «C'è qualcuno che vuole farmi passare per pazza o per colpevole in maniera che il fango mi resti attaccato addosso».

Patetiche le scuse: negli orari delle telefonate lei non era in casa (per due anni?) e chiunque avrebbe potuto farle al suo posto. Inoltre aggiunge di non sapere usare un telefono pubblico.

In quell'occasione, poi eclissata da altri scandali e finita con una archiviazione, Diana non la passa molto liscia. Capisce di avere passato il limite e di avere perso l'impunità che le ha sempre dato la famiglia reale. La signora Hoare si astiene da ogni commento ma pretende e ottiene la fine della relazione. L'antiquario tanto chic sparisce senza neanche salutare.

La magnifica immagine pubblica di Diana, basata sulla presenza, le opere assistenziali, la gentilezza e l'empatia, sta iniziando a scricchiolare. Lei lo capisce. E ha paura perché così il partito di Carlo guadagna terreno.

DIANA - *Il giocatore di rugby*

Gli echi del caso Hoare si sono appena spenti che Diana si butta in un'avventura ancora peggiore e destinata ad avere anche maggiore eco. In quel caso Diana si trova a combattere con una donna molto meno potente ma risoluta quanto lei, Julia Carling, la moglie del campione di rugby inglese Will Carling con cui l'ex timida Diana inizia una sorta di relazione alla Lady Chatterley.

Quando si conoscono, nel 1994 all'Harbour Club di Londra, Will Carling è solo fidanzato con la futura moglie, di cui è molto innamorato. Ma Diana lo vede, lo invita a prendere un cocktail e lo seduce, prima che il giocatore – lusingato dall'onore delle attenzioni di una principessa – sappia che cosa fare.

Il loro flirt diventa subito di dominio pubblico e prosegue anche dopo le nozze, pochi mesi dopo, del giocatore con Julia. Poi Diana riprende l'abitudine, già rodata con Hewitt, di portare i bambini agli allenamenti di lui e diventa un bersaglio dei fotografi. Frequentano un alberghetto a Chelsea come una banale coppietta qualsiasi. Ma Carling inizia a perdere colpi dal punto di vista sportivo, è sempre meno lucido in campo. I quotidiani sportivi cominciano ad attaccarlo e, con loro, quelli di gossip che non fanno che parlare del flirt tra lui e la principessa.

Julia Carling non ha la pazienza della signora Hoare. Dopo i primi sospetti, fa parlare il marito, gli chiede di chiudere con la principessa ottenendo rassicurazioni che la storia non sarebbe continuata. Quando capisce che la relazione, invece, continua alle sue spalle, non lo perdona una seconda volta. Lo butta fuori di casa e chiede il divorzio, che ottiene immediatamente.

Subito dopo convoca un'affollatissima conferenza stampa, durante la quale spiega senza peli sulla lingua il motivo della rottura del suo matrimonio. A onor del vero aggiunge che comunque non ce l'ha con la principessa di Galles, ma con il marito che si è fatto coinvolgere. Poi abbandona la sala in lacrime, ma il grande passo è fatto. Una qualsiasi cittadina inglese ha accusato la principessa di Galles di averle sedotto il marito. E non lo ha fatto in salotto, ma davanti alla stampa. Carling non smentisce.

DIANA - *Tutti gli uomini della principessa*

Sfumato per sempre il sogno d'amore giovanile, per realizzare il quale non ha risparmiato bugie e colpi bassi, Diana rimane sentimentalmente un'immatura. Inoltre il narcisismo e il desiderio di rivalsa la rendono insensibile ai quotidiani problemi del prossimo. Vola in Africa per aiutare una comunità di malati di Aids e dedica loro tempo e pazienza, ma non prova la minima empatia nei confronti della signora Hoare dopo averla chiamata per due anni nel cuore della notte, o per la giovane fidanzata e poi moglie di Carling.

Resta sempre lontana dal mondo dell'aristocrazia inglese o dall'alta società dove, forse, avrebbe potuto trovare un compagno. Ha un flirt con Philip Dunne, un membro del Parlamento, subito troncato dalla pubblicità fattane dai giornali; una storiella con Willie Van Straubenzee, nobile olandese datosi alla fuga dopo i primi servizi fotografici, una love story di poco conto con l'agente immobiliare Christopher Whalley (che da vero gentleman, riporta i dettagli alla stampa). A queste storie di poco conto si sono aggiunti un presunto flirt con Valery Giscard d'Estaing, nulla di più della galanteria francese davanti a una bella donna, una presunta storia col maggiordomo Paul Burrell, da lui riferita (bel tomo), qualche incontro col calciatore Gary Lineker, sposato, e una presunta vicenda amorosa col cantante Bryan Adams che scrive la canzone *Diana*, probabilmente un pettegolezzo senza fondamento.

Diana si agita, si dibatte, si ficca nei guai. La stessa terribile corsa nel tunnel dell'Alma con Dodi al Fayed sarà figlia della sua incapacità di affidarsi agli uomini giusti. In sintesi, il coronamento del suo destino.

DIANA - *In America*

Fra gli americani Diana riscuote molto successo, specie durante i viaggi ufficiali prima del divorzio e poi in quelli da principessa divorziata, elegantissima sempre al centro del jet set. E in Usa avrebbe potuto di sicuro trovare un miliardario in grado di farle compagnia (se si fosse risposata avrebbe perso la possibilità di interagire nell'educazione di William e Harry), ma così non è stato. Molti provano senza successo. Uno in particolare, questa volta un vero signore, la corteggia con assiduità per poi ripiegare sull'amicizia. Dalle sue parole – rese note solo dopo il decesso della principessa e in modo rispettoso – si ha uno spaccato interessante del rapporto di Diana con gli uomini.

Diana conosce il miliardario Teddy Forstmann in una cena a casa di Lord Rotschild nel 1994. L'uomo d'affari ha cinquantotto anni ed è stato inserito fra i papabili pretendenti di Diana dalla rivista *Quest*. «Senza speranza» rivelerà lui più tardi precisando anche di averle inviato un mazzo di fiori alla settimana per tre anni, cioè fino all'incidente mortale.

«Tutto quello che posso dire» ha dichiarato il finanziere «è che si trattava di una donna infelice e, a livello affettivo, era rimasta molto legata alla famiglia reale. Conviveva con una sensazione continua di rifiuto che bastava poco a fare scattare: una frase sbagliata, un fraintendimento. Gli uomini erano personaggi viscidi che la usavano e basta. Era anche una bravissima madre e una donna molto severa con se stessa.»

Forstmann rimane talmente abbagliato da Diana che, durante una sera a cena con lei, rischia di incendiare il menù con la candela del tavolo da tanto è emozionato. Entrambi pensano a una storia che potrebbe culminare con l'inevitabile corsa dell'uomo d'affari alla Casa Bianca e con Diana nel ruolo di First Lady degli Usa. Ma non va così: le foto, i pettegolezzi, le indiscrezioni mettono a repentaglio gli affari di Forstmann.

«Mi davo da fare come un matto e venivo sommerso dai pettegolezzi» ha spiegato l'uomo d'affari «e non sapevo come fermarli.»

Rimangono amici. E, dopo l'incidente, Forstmann confermerà che Diana aveva il terrore di essere controllata e spiata e si fidava di poche persone, fra cui lui, arrivando a costringere alle dimissioni la sua guardia del corpo Ken Wharfe. Quella stessa guardia del corpo che la adorava e l'aveva salvata più volte da situazioni imbarazzanti, specie dopo l'uscita delle foto «rubate» in palestra, con Diana in body attaccata ai pesi.

Wharfe dà le dimissioni perché Diana gli rende la vita impossibile. È sempre rimasto in silenzio pur essendo certamente uno dei pochi testimoni credibili delle storie d'amore della principessa. Una volta sola viene meno a questo patto di lealtà. Quando, prima di dimettersi, si chiede pubblicamente perché mai Diana alle sei di quel mattino fosse andata in palestra truccata e pettinata, se non sapeva di essere fotografata.

La fine della favola

GRACE - *Il divorzio mancato*

«Sai, ho finito per intristirmi molto in questo matrimonio»: queste le parole di Grace a un'amica. Diverse sono le testimonianze secondo cui Grace, negli anni Settanta, stesse considerando di divorziare da Ranieri. Un marito autoritario, sempre più preso dagli affari di Stato, sempre meno attento alla moglie accanto a lui. Secondo alcuni anche infedele. Ma pare che Grace sia andata più in là: che abbia addirittura consultato alcuni avvocati americani per verificare se c'era modo di liberarsi da quel legame. Purtroppo per lei, sia il diritto dello Stato monegasco che l'accordo matrimoniale siglato in quel lontano aprile 1956 erano chiarissimi: in caso di divorzio i figli sarebbero rimasti al padre. L'unica condizione che Grace non avrebbe mai potuto accettare.

È in questi anni che, ufficialmente per seguire la scuola dei ragazzi, risiede quasi sempre a Parigi, dove Ranieri – quando li va a trovare – ha una camera sua. La lontananza da Monaco scatena le chiacchiere, che nessuno ufficialmente smentisce e che continuano a riaffiorare sui giornali. Sono anni in cui Grace ingrassa, si occupa meno della propria immagine, si nasconde dentro abiti larghi e fluttuanti. Lei che aveva fatto di sé la scultura vivente della regalità, lei che aveva detto a un reporter, al suo quarantesimo compleanno: «Sono proprio da buttare. Per una donna i quarant'anni sono una tortura... la fine». I quarant'anni erano la fine per molte donne di quella generazione: anche se ora sembra quasi ridicolo, per Grace, sempre stando alle sue dichiarazioni, «compiere quarant'anni è una sventura». Sogna la fuga. Quella fuga che non può avere con il divorzio. Quella fuga che non aveva potuto ottenere con il ritorno sulle scene. Quella libertà – «un anno di libertà» – che aveva chiesto a Ranieri come regalo per il decimo anniversario di nozze. Parigi, Parigi... ma se Grace sperava di trovare tranquillità e di riprendere in mano la sua vita a Parigi, lontano dalla corte, rimarrà profondamente delusa.

GRACE - *Parigi, o cara...*

Se Grace pensava che la capitale francese potesse essere per lei il luogo ideale di fuga da Montecarlo, dalle pressioni della stampa e dei fotografi, si sbagliava di grosso. Caroline era cresciuta, diventando una splendida ragazza, vivace e irrequieta, su cui erano costantemente puntati gli obiettivi dei fotografi delle cronache rosa. Era una principessa – vera – e la stampa si preoccupava di cercare per lei un vero principe. Tra i candidati Carlo d'Inghilterra e, buffo incrocio di destini, quell'Ernst di Hannover che avrebbe innalzato lei, almeno per un periodo, da «semplice» principessa, Sua Altezza Serenissima, ad Altezza Reale. Cosa che a mamma Grace non sarebbe affatto dispiaciuta: ma l'ex attrice non assisterà al matrimonio (il terzo) riparatore della figlia con Ernst né alla sua fine. Questa però è, veramente, un'altra storia, che, in parte si sta svolgendo ancora sotto i nostri occhi di attenti lettori di gossip e dintorni.

In quel momento, a Parigi i fotografi, con tre principesse da inseguire – Grace, Caroline e la piccola Stephanie – si scatenano, senza nemmeno quel rispetto che in una certa misura era garantito a Montecarlo. In ogni caso, stanca della piccola vita di Monaco, insoddisfatta di quella di Parigi, Grace torna a progettare un ritorno sulle scene. Questa volta, però, senza chiedere il consenso al consorte, il quale incassa e, come ritorsione, evita di essere presente. Curiosamente, una delle prime sue uscite pubbliche, è legata ai collage di fiori. Un'amica di Philadelphia le aveva insegnato come costruire, con i petali, delicati disegni e complicati collage: quello dei fiori secchi diventa un suo hobby appassionante – quasi come risolvere un puzzle, dirà lei, rilassante come lavorare a maglia. E a dimostrazione di quanto fosse orgogliosa del risultato e lo ritenesse un mezzo per affermare la sua personalità, c'è la firma: l'unica cosa che, da sempre e per sempre, lei siglerà con le sue iniziali GPK, Grace Patricia Kelly. Come a rivendicare un'identità mai scomparsa, mai del tutto abbandonata, malgrado i 140 titoli, il matrimonio, i tre figli. Una galleria francese le propone di esporli e metterli in vendita: una società produttrice di biancheria di riprodurli sulle lenzuola; poi una casa editrice ne raccoglie una parte in un libro sulla composizione di fiori che lei promuoverà per tutta l'America. Tutti i proventi sono destinati alla fondazione benefica Principessa Grace; e quando alla fine della mostra parigina tutti i collage vengono venduti, e a caro prezzo, l'unico commento negativo è quello di Ranieri: se non fossero stati firmati dalla principessa ma da una sconosciuta, le dice, sarebbero rimasti invenduti dal primo all'ultimo.

DIANA - *Separazione reale*

Dopo alcuni anni di botta e risposta fra il partito di Diana, che voleva dimostrare come Carlo fosse inetto a regnare, insensibile e violento, e quello di Carlo che non perdeva occasione per insinuare che la principessa fosse affetta da turbe psichiche, nel giugno 1992 viene pubblicato *Diana, la sua vera storia*.

Ed è subito scandalo: malattie, tentativi di suicidio, Camilla presente fin dal viaggio di nozze; la nazione ora è al corrente di tutte le vessazioni subite dal suo grande idolo. Già dall'inizio dell'anno, in occasione della morte del conte Spencer, la coppia sta insieme solo per l'apparenza, ed è necessario l'intervento della regina per imporre a Diana la presenza di Carlo ai funerali del padre. Il libro fa deflagrare tutto.

È chiaro che è stato scritto con l'aiuto di Diana: lo si deduce dalle circostanze, dalle foto, dai dettagli. Carlo si infuria e, a Windsor Castle, si rifiuta di parlare con la regina e il duca di Edimburgo in presenza della moglie. Per qualche mese la coppia tira avanti alla meno peggio, infastidita dai goffi tentativi del duca di mettere pace. Quando poi Carlo scopre che Filippo riguardo a Camilla dà ragione alla moglie («Nessun uomo normale» scrive il principe consorte, supremo gaffista «potrebbe avere dubbi tra te e lei»), i rapporti fra padre e figlio si rompono per sempre. A esasperare la situazione arriva la pubblicazione tardiva dei nastri del cosiddetto «Strizzolina Gate» – l'intercettazione da parte dei servizi segreti britannici di un'imbarazzante telefonata tra Diana e un suo «amico», James Gilbey – dando il via a una caccia spietata a Diana che si concluderà sotto il ponte dell'Alma. Fra moine e pianti da un lato, e la furia di Carlo dall'altro, la regina non ne può più e fa annunciare ufficialmente la separazione tra Carlo e Diana.

Diana è libera, ma la guerra contro Carlo, appena scoppiata, si concluderà solo col divorzio. Colmo di disprezzo verso colei che definisce una pazza, Carlo porta via dalla comune casa di Kensington solo qualche quadro e i vestiti. Brucia in un grande falò tutto quello che la principessa ha lasciato dietro di sé. E affida a Camilla l'incarico di riarredare la tenuta di Highgrove per cancellare qualsiasi traccia di Diana.

DIANA - *La vendetta dei Windsor*

All'inizio del 1993 Diana è sola e pronta a cominciare una nuova vita. Contro il parere di Carlo decise di rinunciare a ogni tipo di scorta, tenendo solo Ken Wharfe come guardia del corpo ed esponendosi troppo ai paparazzi. I quali avevano trovato con lei, non più tutelata dalla casa reale, la gallina dalle uova d'oro. Diana sui pattini, Diana piangente, Diana in fuga, Diana fuori di sé dalla rabbia. Tutto viene documentato senza alcun rispetto per la vita della principessa, che vede tornarle addosso come un boomerang l'interesse della stessa stampa che aveva sin qui usato così bene.

Carlo non intende mollare: vuole vendicarsi di Diana, per la pessima immagine pubblica che gli ha costruito attorno. Anche lui si coltiva i suoi contatti nei tabloid e decide di parlare a sua volta, rivelando la sua verità sulla loro vita matrimoniale con un'intervista e un libro.

Con entrambi i figli a scuola, Diana è più sola che mai. La corte la mette al bando, relegandola nei posti dietro alla regina quando deve mostrarsi in pubblico con i figli. Se non fosse per le opere di carità e il desiderio di apparire ossessivo e narcisistico che la spinge a fare di tutto pur di avere un passaggio giornalistico e televisivo, non avrebbe nulla da fare.

A consolarla parzialmente scoppia il Camillagate, la pubblicazione della telefonata segreta fra Carlo e Camilla, in cui il principe sussurra di voler essere un tampax per stare sempre nei pantaloni. Di lei.

La stampa impazzisce. La fazione di Diana esulta. La principessa poteva essere bulimica e depressa, ma su Camilla aveva avuto ragione fin dal primo giorno.

L'opinione pubblica gira decisamente a favore di Diana, che si mostra sempre più bella e sola, e tutto le viene ancora una volta perdonato.

Perché davanti al principe che voleva farsi tampax, ogni moglie inglese si mette nei panni della principessa. Un pessimo marito, che dice scemenze all'amante. Il ridicolo si sposa male con la regalità e il potere. Il principe deve ingaggiare un ufficio stampa personale. Camilla deve scappare all'estero con la sorella Annabel. Anche la relazione con Carlo ne soffre e per un periodo i due si lasciano.

Diana può ritenersi soddisfatta, gode delle sconfitte di Carlo, e del fatto che il popolo inglese sempre più pensi che una persona simile non dovrebbe mai diventare re.

La corte però la intralcia di continuo nei suoi piani; la stampa, prima solo amica, la ritiene un trofeo di caccia. Ma, paradossalmente, sarà proprio Carlo a mettere in mano a Diana l'asso con la celebre intervista che rilascerà alla Bbc. Intervista che assesterà il colpo di grazia alla sua immagine e che consentirà a Diana di trionfare definitivamente come regina di cuori, fino al divorzio preteso dal principe di Galles e «benedetto» dalla regina nel 1996.

Nel '94 Carlo, consigliato da un responsabile dell'immagine che aveva deciso di imitare i metodi della principessa, si fa prima intervistare e poi dà alle stampe un libro affidandosi al giornalista Jonathan Dimbleby.

In tv, freddo come un ghiacciolo, racconta di non aver

mai amato l'idolo degli inglesi, e di essere stato spinto – in pratica obbligato – a sposarla, che tutta la colpa è del duca di Edimburgo, padre pessimo e autoritario e – unica cosa in cui è d'accordo con l'ex moglie – che la loro unione è stata l'inferno in terra. Le è stato fedele, spiega, finché le cose fra loro non si sono definitivamente guastate.

E Camilla? Solo un'amica. Un'affermazione cui, ovviamente, nessuno credette.

Quanto ne soffre Diana? La sera della rivelazione si presenta a una festa fasciata in un abito sensazionale, elegante, sexy e sorridente, rubando al marito, anche questa volta, tutte le copertine dei giornali. Ma sentirsi dire in faccia di non essere stata altro che un animale da riproduzione per la dinastia, non è di sicuro facile neanche per lei. Diana piange molto: per se stessa, per come era stata sacrificata, per i sogni perduti, per i figli che sono affidati a lei ma, di fatto, sotto il controllo della regina. Carlo ha spiegato al mondo intero quello che lei ha vissuto: che è stata presa a vent'anni perché nobile e vergine, e sacrificata alle necessità dinastiche senza che nessuno si sia mai occupato dei suoi sentimenti.

Camilla, a causa della confessione pubblica del suo amante, divorzia e viene nuovamente costretta a riparare all'estero con la sorella. Il duca di Edimburgo si infuria mentre la regina, preoccupata dalla vicenda, stringe maggiormente a sé il figlio, con cui ancora oggi ha un eccellente rapporto.

Con sommo dispiacere di Diana, però, l'intervista sancisce definitivamente la presenza di Camilla al fianco di

Carlo. I due, ormai, non hanno più nulla da perdere e così iniziano, gradualmente, a trovarsi insieme agli stessi ricevimenti, anche pubblici, mentre la ormai ex signora Parker Bowles è libera di vivere a Highgrove senza doversi nascondere come aveva fatto per vent'anni. Non è fotogenica, quindi la stampa la lascia andare e venire in pace.

Diana, invece, ha svariati incidenti con fotografi e giornalisti, non più disposti a seguire solo le sue golose indicazioni. Così prende una decisione. Comprendendo che il divorzio è alle porte, vuole dare la sua versione dei fatti. Vuota il sacco in tv nel '95. Due grandi occhi pieni di lacrime e un «matrimonio affollato» tengono gli inglesi – ma l'intervista fa il giro del mondo – incollati alla tv. E poi lancia la bomba: Carlo non è adatto a governare. Su di sé, aggiunge: «Non toglierò il disturbo in silenzio perché ho un ruolo da portare avanti e due figli da crescere».

Lo scandalo è enorme e la casa reale decide che della ragazza Spencer non sa più che farsene. La regina invita i due coniugi al divorzio e dato che Diana si oppone mentre Carlo ne è entusiasta, Elisabetta si vede costretta ad accettare l'esosa richiesta di lei, cioè diciassette milioni di sterline all'anno (poco meno di venti milioni di euro).

I Windsor accettano perché non hanno scelta, il principe è adultero e reo confesso, così come la moglie. Ma tolgono a Diana il titolo di Altezza Reale e ogni privilegio. Dopo quindici anni, Diana, per la corte, non è più nessuno. E lei non c'è abituata.

L'impegno sociale

GRACE - *La regina di fiori*

Malgrado la sua scarsa padronanza della lingua, la sua timidezza nei confronti dei monegaschi, Grace appena sposata accetta di tenere un discorso alla radio, ripreso dalla neonata tv, a favore della Croce Rossa monegasca per promuovere le donazioni di sangue. Senza occhiali, quindi con un testo imparato a memoria, prega i suoi sudditi di recarsi a donare sangue, che serve sempre di più perché, grazie alle nuove tecniche mediche, è possibile salvare un numero sempre crescente di persone. Non è certo una diva di Hollywood quella che recita il suo invito: è una giovane donna bellissima, che parla ai sudditi come si parla ai bambini, spiegando che non devono aver paura della puntura, anche se, è vero, fa un po' impressione l'idea di donare a qualcuno una piccola quantità del proprio sangue. È una donna che vince una incredibile timidezza per una buona causa. Non è un caso: alla Croce Rossa di Monaco vengono devoluti i proventi del filmato delle nozze, così come alla fine della sua vita devolverà a vari enti di Montecarlo i cachet delle sue apparizioni televisive. Proprio all'inizio del suo regno, Grace aveva stupito le madrine delle organizzazioni benefiche, che consideravano l'impegno alla stregua di un tè fra amiche, presentandosi con gli occhiali, questa volta, e fitti appunti vergati con la sua scrittura alta e chiara, quasi infantile: un elenco di iniziative e spunti che le venivano dalla sua esperienza americana, dal suo pragmatismo, dall'amore infinito per i bambini. Inaugura un po' annoiata case e ospedali, ma quando si tratta di visitare piccoli orfani o ammalati, diventa, per tutti i piccini, quella madre amorosa che è per i suoi figli. Non solo: anticipa i tempi fondando un'organizzazione internazionale in grado di aiutare i bambini nel mondo. Come più tardi Diana, vuole che i suoi figli comprendano quanto sono fortunati: e li porta con sé alle manifestazioni, li obbliga a consegnare assieme a lei i regali di Natale ai bambini monegaschi, a presenziare alle gare di bellezza di cani così come alle esposizioni internazionali. I filmati registrano una Caroline bambina intenta a buttare caramelle nella tradizionale battaglia dei fiori, Stephanie su uno dei carri che lancia dolci ai genitori, Alberto timidissimo in divisa e sciabola, con l'apparecchio ai denti, che offre regali alle vecchiette del suo regno.

GRACE - *Dove anche le frontiere sono fatte di fiori*

A Grace non interessavano soltanto i fiori secchi dei suoi collage: durante tutta la sua vita ha inaugurato giardini, ammirato la rosa di Meilland che porta il suo nome, scritto un libro sull'arte di disporre i fiori, organizzato concorsi benefici di creazione di bouquet. Addirittura, è arrivata a organizzare, in gran segreto, una gara di composizione floreale... per uomini. Invitandoli a una gara, ha fatto trovare loro l'occorrente e li ha dolcemente «costretti» a improvvisarsi fioristi professionisti nell'abbinare corolle e foglie. Dal suo primo giorno a palazzo, dopo aver fatto rimuovere «quintali di polvere da centinaia di persone» ha sempre tenuto grandi mazzi di fiori appena recisi a illuminare e rinfrescare le grandi stanze. E dopo l'incidente i fioristi di palazzo circonderanno di corolle colorate e profumate il suo feretro.

DIANA - *La regina di cuori*

La trasformazione di Diana da piacente ragazza di vent'anni a icona dello stile e a madrina delle opere di carità avviene per gradi e secondo un piano che inizia a formarsi molto presto nella mente della principessa e che, all'inizio, ha come fine quello di modernizzare la famiglia reale. Il lavoro di Diana finisce, per rabbia, odio, per diventare il peggiore attacco mai subito dai Windsor. La giovane Spencer capisce subito di oscurare Carlo con i modi da ragazza democratica e dolce e i buffi cappellini: finalmente gli inglesi non vedevano più il volto arcigno della principessa Anna o quello amato ma tanto anziano della regina madre. Vedevano una coppia, due ragazzi e un bambino, due sposi che si baciavano.

Nei primi cinque anni di matrimonio, prima che la

farsa diventi tragedia, Diana mette a segno alcuni colpi mediaticamente fantastici come il famoso ballo con John Travolta durante una visita ufficiale negli Stati Uniti, un altro ballo al Covent Garden organizzato come sorpresa per Carlo, che lui non apprezza affatto. E nonostante i rimbrotti capisce di cavarsela anche piuttosto bene. Per fortuna decide di puntare tutto sull'immagine fisica (non sarà mai una grande oratrice), e solo fattasi più matura, sulla beneficenza e l'impegno sociale. Ma a quel punto è già Princess Diana Superstar.

Ritornando indietro ai primi anni del matrimonio, sembra che faccia di tutto per irritare il regale parentado. Sfinita dai primi mesi di gravidanza, per esempio, si veste e trucca troppo all'apertura del Parlamento. Poi, sceglie proprio la stessa occasione per presentarsi in pubblico con la tiara e un nuovo taglio di capelli. E di nuovo il discorso della regina passa in secondo piano.

Vuole dimostrare ai Windsor, che tanto disprezzano le sue capacità di donna di pubbliche relazioni, di poterli tenere in scacco in qualsiasi momento. Ci riesce, ma la reazione della famiglia, che tutti ormai chiamano scherzosamente «la ditta», è terribile. Se la ragazza incinta viene prontamente perdonata, la donna sicura di sé che cerca, riuscendovi, di deviare l'attenzione della stampa dal discorso della regina trasforma la Royal Family in un fronte compatto con l'unico obiettivo di fermare Diana. È guerra.

Isolata a corte e ignorata da Carlo (in un solo mese del 1993 i giornali calcolano che lei abbia attirato ai suoi ricevimenti 10mila persone contro le 132 di Carlo), Diana lavora per conquistare un suo spazio di espressione e lo trova nelle opere di carità.

Diana è empatica con la folla e adorabile con la gente. Tanto capricciosa, nervosa, e arrogante si mostra in famiglia e col suo personale, tanto è l'espressione stessa della generosità e della dolcezza nelle sue uscite pubbliche.

Quanto all'immagine, è palesemente di formazione americana (tanto che la principessa verrà premiata nel '95 da Henry Kissinger per il suo impegno umanitario): capisce subito che la sua presenza, ben vestita e agghindata da principessa di Galles, fa per le casse della causa molto più dell'indefesso e oscuro lavoro del marito e della principessa Anna, la vera fondatrice delle opere di carità della famiglia reale.

Nel 1984 la principessa Margaret le cede la gestione di alcune delle sue fondazioni. Già un anno dopo Diana, con l'aiuto dello stilista Bruce Oldfield, dà prova delle sue capacità. Organizzano insieme un concerto per un orfanotrofio patrocinato da Diana in cui viene annunciata la presenza della principessa come ospite d'onore. Arriva tutta la Londra in vista e poi stilisti, artisti, attori, mecenati (anche Mohamed al Fayed). Diana è in lamé con la schiena nuda. La principessa e lo stilista racimolano in un colpo solo la bellezza di 200mila sterline, cifra che l'orfanotrofio, sotto il patronato di Margaret, non aveva mai visto. È l'inizio della beatificazione di Diana, la dea della carità.

I Windsor disapprovano: una principessa che si mostra in pubblico per raccogliere soldi! E non capiscono che, volgendola a proprio favore, l'iniziativa di Diana è moderna, parla alla gente. Concertata insieme e in formula più inglese e con l'indispensabile appoggio della struttura della famiglia reale, la vita pubblica di Carlo e Diana sarebbe stata molto più incisiva.

Diana poteva essere un'autentica risorsa. Negli ospedali e negli orfanotrofi – dove esce dalle norme dell'etichetta reale stringendo mani, prendendo in braccio i bambini, consolando i disperati e visitando persino le carceri – il suo tocco è impagabile, la gente si sente davvero confortata, i medici e i dirigenti con cui ha a che fare restano stregati. Ha la capacità, come l'aveva avuta Grace, di fare sentire chi soffre realmente compreso, di portare speranza, buonumore, gioia. Non sa parlare in pubblico, ma parla la lingua della gente perché ha avuto i problemi di molti: dalla bulimia alle gravidanze difficili al tradimento del marito all'anoressia. La Diana della carità è imbattibile. Inoltre non si tira indietro davanti a nulla: la dura lezione imparata da ragazza durante l'apprendistato reale.

La carità soddisfa la sua necessità di dare, ormai limitata ai figli e a qualche amante, e alimenta il suo narcisismo di anno in anno sempre più forte che la induce a pensare di potere distruggere la monarchia con le proprie iniziative. O meglio: non proprio l'istituzione, quanto l'immagine della vecchia famiglia e quella di Carlo per superarlo nella successione e diventare, alla morte di Elisabetta, la giovane regina reggente del suo primogenito William.

La corte la esclude? Il Paese la adora. Nel 1993 (è già separata) nel corso di un attentato dell'Ira restarono uccisi due ragazzi. Ai funerali va Carlo in rappresentanza della regina la quale vieta espressamente all'ex moglie di accompagnarlo. Diana, esclusa, non si rassegna. Chiama le madri delle vittime al telefono, le consola, è loro vicina. Il giorno dopo nessuno cita la presenza di Carlo ma solo le interviste delle due donne che raccontano della straordinaria umanità della principessa di Galles.

Il fisico le si è fatto asciutto e snello perdendo l'aria emaciata dei tempi più acuti della bulimia (perché bulimica è rimasta sempre) e gli abiti migliorano visibilmente con l'aiuto dei maggiori stilisti inglesi che vedono moltiplicarsi le vendite dopo che un loro capo è stato indossato da lei.

Poi, dopo la separazione, si affida ai migliori stilisti mondiali, butta via mezzo guardaroba, ne vende la restante metà e diventa una donna davvero elegante, anche perché non si veste più per fare colpo su Carlo, o indispettirlo, ma solo per piacere a se stessa.

DIANA - *Dalla parte degli ultimi*

Il suo sostegno ai malati di Aids inizia nel 1987 e lei, subito, decide di salutare i malati senza guanti, un gesto che suscita molto clamore e contribuisce a ridimensionare i luoghi comuni sulla malattia. Bacia bambini sieropositivi e la sua vicinanza all'amico morente di Aids Adrian Ward Jackson, nel 1991, commuove tutta l'Inghilterra.

Nell'atteggiamento verso questa malattia che sta terrorizzando il mondo, Diana è una pioniera. Si è informata bene sulla trasmissione del virus coi medici, lavora incessantemente per portare conforto fin dove può, mostra pietà, coraggio, dedizione e anticonformismo.

«La sieropositività» dichiara la principessa ai giornalisti nel corso delle sue visite ai malati «non rende la gente pericolosa da conoscere. Puoi stringere loro le mani o abbracciarli, come loro hanno bisogno.»

Nel tempo, le cause appoggiate da Diana si moltiplicano: dalla malattia, alla povertà, all'handicap, alla diversità, fino alla guerra, con la sua ultima battaglia, quella contro le mine antiuomo. Per tutte queste attività fonda una serie di associazioni non profit, che ancora oggi funzionano ma che, per avere nuovo lustro dal dimenticatoio in cui la mancanza della presenza di Diana le ha relegate, sono in parte seguite dal principe William e in parte dal principe Harry.

DIANA - *Pulizia*

Nel 1996 Diana decide, convinta in parte da Elton John e in parte dal figlio William, di vendere all'asta i suoi vestiti da principessa, quelli che aveva indossato nei viaggi e nelle decine di occasioni pubbliche del suo matrimonio finito.

Vuole riappropriarsi di se stessa e della sua immagine, non vuole sembrare più un'esponente della famiglia reale. È cresciuta e sta imparando a farcela da sola.

Di quegli abiti ha una stanza piena e molti pezzi, quelli con cui si recava all'apertura del Parlamento o quelli usati da giovanissima, sono del tutto inutili o passati di moda.

Rivede l'abito con cui aveva ballato con John Travolta nel disastroso tentativo di conquistare il marito, e tanti altri ancora. E si decide: li manda tutti all'asta a New York, città dove hanno un debole per questo tipo di cimeli e ci sono abbastanza miliardari decisi a spendere per averli.

Il principe Carlo e la regina Elisabetta vorrebbero comprarglieli loro, quei vestiti, pur di sfuggire a quell'ennesima apparizione pubblica, ma Diana fa di testa sua, convoca un'esperta di Christie's e inizia la cernita scegliendo 79 vestiti da cocktail e vari pezzi di haute couture che vanno all'asta per 3.280.000 dollari, destinati ai sieropositivi.

L'asta a New York è un trionfo sociale e mediatico. Ancora una volta Diana ha tutte le copertine per sé con la descrizione del suo straordinario carattere, della sua umanità e generosità. In Usa, di fatto, la amano più che in Gran Bretagna perché somiglia più a una diva americana che a una principessa e Diana accarezza a lungo l'ipotesi di trasferirvisi e rifarsi una vita.

Per non tirare troppo la corda, una seconda stanza del guardaroba rimane intatta e viene destinata al Victoria and Albert Museum, mentre la servitù ha il permesso di portare di volta in volta gli abiti firmati smessi a un negozio di Londra che li rivende senza conoscerne la proprietaria. Diana ne ricava circa 11mila sterline al mese, che destina alle sue fondazioni. La stampa lo viene a sapere e pubblica la notizia.

I Windsor non si erano mai vergognati tanto.

DIANA - *Madre Teresa di Calcutta*

Le attività benefiche di Diana, in verità, avranno il sigillo dell'ufficialità solo dopo il suo incontro con madre Teresa di Calcutta che, a prima vista, è la sua antitesi in tutto. Interessi simili avvicinano, invece, le due donne che, dopo essersi conosciute, verranno accomunate fino alla morte – quasi contemporanea – di entrambe.

Diana è nel cuore della sua separazione nel 1991 quando madre Teresa le scrive, chiedendole un incontro nel viaggio a Londra che la religiosa ha in programma, ma che verrà annullato per motivi di salute.

È a Roma che Diana e madre Teresa si vedono un anno dopo e che organizzano la visita della principessa a Calcutta. Da quel viaggio lei esce cambiata, sconvolta dalle condizioni di vita del popolo indiano, probabilmente toccata dalla profonda spiritualità della suora, che le regala in quei giorni il rosario con cui Diana verrà sepolta.

«La principessa» ha scritto il maggiordomo Paul Burrell «capì che madre Teresa di Calcutta era una santa e lei no, ma che poteva ugualmente provare a comunicare al pubblico la compassione e il calore umano che aveva avvertito nel suo convento.»

Da madre Teresa, Diana comprende la necessità di fare un passo in avanti nelle proprie attività di beneficenza. Capisce che apparire ed essere elegante per cercare fondi è importante, che portare conforto lo è altrettanto, ma che al di là di queste iniziative concepite anche allo scopo di indispettire la corte, c'è la necessità di viaggiare, di parlare in pubblico per convincere la gente, di suscitare, attorno ai problemi, una reale campagna permanente di consenso.

È questo che la convince a trasformarsi in grande viaggiatrice e in una, se non particolarmente dotata, discreta oratrice, come dimostrerà in India, negli Stati Uniti e nei vari Paesi in cui si recherà dopo la separazione per seguire i suoi nuovi interessi. Ed è questo il motivo per cui, al divorzio, le vengono revocate tutte le responsabilità sulla Croce Rossa inglese e le sue attività si restringono alle proprie fondazioni. I Windsor non vogliono offrire a Diana altre occasioni per apparire in pubblico. E fare discorsi.

La più importante delle iniziative con madre Teresa, Diana la intraprende nel 1997 contro le mine antiuomo, organizzandola prima a Leicester dove vengono fotografate insieme e poi negli Usa grazie all'interessamento di Hillary Clinton. Diana parte anche per l'Angola preceduta da un grande battage pubblicitario contro le mine antiuomo, visita gli ospedali con i bambini menomati dalle esplosioni, spiega al mondo la pericolosità dei campi minati e mai bonificati che continuano a mietere vittime innocenti nel totale disinteresse del mondo occidentale.

Ecco, ha compiuto il passo in avanti. La causa l'appassiona profondamente e inoltre trascende le consuete attività di beneficenza. È una campagna politica dove non serve più la principessa delle fiabe che fa sognare i bambini in ospedale ma una persona in carne e ossa che dia autorevolezza alla campagna. Conscia di dovere fare ben di più che accarezzare bambini mutilati, Diana abdica a tailleur di Chanel, scarpe di marca, capelli gonfi di lacca, gioielli. Si presenta in jeans e camicia con le scarpe basse e una borsa sportiva, poco o nulla truccata. Una donna in grado di viaggiare per ore a bordo di un fuoristrada, muoversi in posti pericolosi. Le foto accanto ai campi minati raccontano una Diana finalmente libera dagli orpelli di corte che le avevano messo addosso a vent'anni e anche da quelli di superdonna che si è reinventata dopo il divorzio per bisogno di apparire e vendicarsi di Camilla.

Agli occhi di tutti al posto della principessa delle fiabe c'è una ragazza solidale, in grado di vivere, mangiare, adattarsi, comunicare empatia a chi soffre. La gran dama è sparita a favore della comunicatrice.

Il successo è enorme.

Dopo la risonanza mondiale della sua ultima impresa, però, Diana è stanca; una lite con suo fratello l'ha privata dell'accesso alla residenza di Althorp e il divorzio alle sedi della famiglia reale. Organizzare un vacanza con i due eredi al trono d'Inghilterra non è facile, neanche per la loro conosciutissima madre. Carlo, senza dubbio, le avrebbe ceduto una delle sue residenze (nell'ultimo anno la loro relazione è molto migliorata e il principe non è mai stato meschino su queste cose), ma lei preferisce non rivolgersi all'ex marito.

È così che accetta l'invito di Mohamed al Fayed sullo yacht *Jonikal*, dove a farle compagnia ci sarebbe stato anche suo figlio Dodi.

La fuga

GRACE - *Colpi di scena*

Il cinema, Grace l'ha capito ormai, è una strada sbarrata per lei. Ma il teatro? Hollywood in fin dei conti non le era mai piaciuta, aveva sempre preferito New York. Recitare... il palcoscenico, l'intimità che si crea con i colleghi, gli applausi... quanti rimpianti! L'occasione perfetta capita con il bicentenario dell'Indipendenza americana, nel 1976. Anche in Inghilterra erano previste celebrazioni, e l'impresario John Carrol stava cercando attori americani per una tournée di letture poetiche. Questa volta Ranieri non si oppone – forse ha capito che la moglie se ne sarebbe andata comunque da qualche parte, e forse anche lui desidera essere libero nei suoi movimenti. Così Grace inizia una trionfale tournée che la porta fra l'altro a Edimburgo, in Austria e a Londra (dove l'abbiamo trovata, simpatetica e materna, con la quasi principessa Diana). Il 1976 è anche il ventesimo anniversario di nozze per Grace e Ranieri, ma la principessa ha deciso da tempo che lo passerà a Parigi. La stampa si è scatenata sul tema della loro crisi coniugale, e pare proprio che Grace voglia solo aspettare che Stephanie sia un po' più grande per ottenere infine il sognato divorzio. Così, forse, questi impegni che la portano in giro per il mondo servono anche a Ranieri per nascondere la loro lontananza come una scelta. Un lungo tour viene organizzato negli Usa per presentare il suo *My Book of Flowers*. Realizza anche un piccolo film, *Rearranged*, di cui scrive la sceneggiatura, per cui coinvolge tutti i suoi amici e fa comparire, in un cameo, persino il marito Ranieri, impegnato a sistemare dei fiori. In realtà il film, diretto dal giovane Robert Dornhelm, dopo essere stato presentato al Monaco Garden Club per cui era stato girato, non viene più mostrato in pubblico. Nonostante un'offerta di ben sei milioni di dollari per acquistarlo, Ranieri sostiene che nel montaggio il film sia stato completamente stravolto, non vuole che venga mai più mostrato e ora l'originale è conservato nella cassaforte di palazzo. Grace e Robert legano bene. Parlano lo stesso linguaggio, hanno gli stessi interessi. Sono felici del tempo che passano insieme: lui ha 33 anni, lei 47. Oggi la cosa non farebbe molto notizia, ma alla fine degli anni Settanta ancora ci si guardava. In molti pensano che i due siano stati amanti. Philippe Junot, ex genero di Grace (un breve matrimonio con la principessa Caroline), ha dichiarato: «Non so se fossero stati amanti, ma mi stupirei molto del contrario». E se Junot, mai accettato dalla famiglia Grimaldi, può essere considerato poco attendibile, vi sono molte altre testimonianze di come la principessa e il giovane regista godessero della reciproca compagnia. Lui, da gentiluomo, ha negato sempre qualsiasi cosa che non rientrasse in una amicizia molto speciale. Ranieri ignora completamente tutto ciò che la moglie sta facendo; per due anni si rifiuta di presenziare alle sue letture di poesia. Difficile pensare a «una coppia che si detesta reciprocamente» come scrive nel 1982 un giornale inglese, ma certamente le preoccupazioni per i figli – il pessimo matrimonio di Caroline e la separarazione, le irrequietezze di Stephanie – e la lontananza non aiutano la coppia. Intanto, gli amici di Grace si preoccupano per lei: sta ingrassando e temono che sia dovuto all'alcol. Grace non ha mai disdegnato un cocktail in compagnia, ma pare davvero che esagerasse un po'.

DIANA - *L'ultimo amore*

Al funerale della principessa Diana, dietro, molto dietro a Carlo, ai bambini, alla famiglia reale, ancora oggi si può vedere nelle riprese il volto di un uomo che piange disperatamente, senza nascondersi. È Hasnat Khan, l'ultimo e forse unico grande amore di Diana; amore ricambiato, nascosto, forte. Ed è per ingelosire lui, oltre che per riposarsi, che Diana accetta la crociera con Dodi al Fayed che doveva infine portarla incontro alla morte.

La corona inglese forse non doveva temere un eventuale figlio di Dodi e Diana, un fratellino musulmano che avrebbe messo in crisi il futuro re William come capo della Chiesa anglicana, ma semmai un bambino che poteva nascere dalla relazione dell'ex principessa con Hasnat, visto che furono veramente a un passo dal matrimonio. Infatti non è azzardato pensare che, se Diana fosse tornata dalla vacanza in Costa Azzurra, i due avrebbero potuto riprendere la loro storia.

È Diana che nelle sue lettere, accennando a questo chirurgo pakistano, non bello, gran signore, riservatissimo, lo definisce «the One» (quello giusto), il grande amore che le ha permesso di superare i traumi dell'allontanamento dalla corte, la tristezza per la lontananza dei figli e che la porta anche a una parziale riconciliazione con Carlo.

Amata e ricambiata da Khan, Diana non odia più l'ex marito, non le importa più di Camilla. La speranza di un futuro affettivo pieno, sempre sognato e mai avuto, la rende felice e proiettata nel domani.

Diana è al Royal Brompton Hospital di Londra in visita al marito di un'amica, quando lui, cardiologo e chirurgo, entra nella stanza per visitare il paziente. Le rivolge a stento la parola.

Per Diana, non ancora divorziata, è un colpo di fulmine. Ma il fulmine colpisce entrambi.

Da quel momento Diana tenta di rendersi interessante: ossia, nella sua ingenua visione della vita, di imparare la lingua di lui, capire qualcosa dell'Islam, persino leggere testi di anatomia.

Inizia a passare le notti con lui facendogli compagnia mentre è di guardia.

Diana ha trovato pane per i suoi denti.

Khan se la porta dietro nel suo appartamentino da scapolo, in sala operatoria (esperienza da cui Diana esce convinta che il suo futuro sia la medicina), in giro per la città imponendole però regole precise: la segretezza assoluta della relazione e la non consumazione della medesima finché lei non sarà a tutti gli effetti divorziata. Musulmano osservante, lui non vuole una relazione adulterina.

Se Carlo è stato duro con lei spingendola a pianti e scenate, Khan non è più morbido nel rivendicare il suo ruolo: ma le vuole davvero bene, ha dei principi e le chiede solo di osservarli. Diana, che non aveva mai trovato, nella sua vita dopo Carlo, qualcuno che non cadesse nella sua rete e che si opponesse ai suoi capricci, si accende di un'ammirazione senza limiti.

La vita con Khan, che diventa una relazione vera solo dopo il divorzio, la riporta agli anni di gioventù, prima del matrimonio reale. Nell'appartamentino di Chelsea del fidanzato, dove si rifugiano per sfuggire ai fotografi e alla mondanità (Khan è decisamente orso), Diana spesso si occupa in prima persona delle pulizie, cucina e rigoverna. Il maggiordomo Paul Burrell la aiuta mandandole pasti precotti e bevande, acquistati in negozi qualsiasi per non fare identificare i due amanti. Inoltre, se per caso la coppia litiga, porta personalmente i messaggi di Diana al chirurgo. Il telefono ha tradito Diana troppe volte.

Finalmente la principessa ripudiata conduce una vita normale, da donna adulta. Ha qualcuno con cui parlare, col quale confidarsi, fare progetti, costruire un futuro. Le foto del periodo la ritraggono felice, spesso con qualche collanina o scialle indiano, acquistati per fare contento Hasnat Khan.

Radiosa, sembra la versione adulta e raffinata della maestrina che aveva stregato l'Inghilterra: in jeans e maglietta, scarpe basse e giacca o in shorts e sneakers dimostra dieci anni di meno e finalmente ha qualcosa di suo per cui vivere.

Per lui pone in secondo piano persino l'avvenire di William mettendosi in testa di sposare l'amante benché musulmano, ma soprattutto di dargli dei figli, fregandosene dei Windsor e della religione anglicana.

Tutto sarebbe andato bene se l'idea di sposare Khan non fosse diventata una vera e propria ossessione per la principessa, cui le amarezze e i disastri esistenziali non sembrano avere insegnato nulla.

In quell'occasione lui le fa capire che mai si unirà in matrimonio con una donna di fede diversa dalla sua; di conseguenza Diana considera per un momento la conversione all'Islam, anche se comprende che il percorso è tutt'altro che semplice. Poi, inizia a sbagliare. Si tira addosso i media, lascia intendere che vorrebbe aprire un ospedale per mettervi il fidanzato a dirigerlo, porta i figli a conoscerlo. Dimenticata dunque la clausola di segretezza, riesce a farsi portare dalla sua famiglia in Pakistan. I Khan la accolgono con tutti gli onori e lei decide di fare buona impressione a ogni costo su di loro, pensando ingenuamente di essere accettata come eventuale sposa o convivente, benché anglicana. Dopo mille, inutili, tentativi in questo senso, tutti invisi a Hasnat, comincia a crearsi una tensione tra i due.

E allora lei insiste, forza, e la stampa parla sempre più di loro. Nel '96 i giornalisti capiscono che la relazione di Diana e una sua eventuale maternità (un figlio musulmano!) sono la nuova gallina dalle uova d'oro.

Dato che le amiche di lei non parlano e che in Inghilterra si sa poco, si trasferiscono a Lahore e intervistano il padre di Hasnat Khan, Rashid, il quale esclude qualsiasi possibilità che Diana sposi il figlio. Per Hasnat è già pronto un matrimonio combinato con una donna della sua stessa fede, scelta dalla famiglia. Rashid e i suoi adoravano la principessa, ma erano musulmani osservanti e i loro matrimoni avvenivano secondo tradizione.

Distrutta, almeno quanto fino a poco prima era stata folle di felicità, Diana tenta l'ultima mossa: aprire un ospedale negli Usa per lui. Vuole trasferirsi in un posto dove potersi sposare con rito civile senza l'imbarazzo delle religioni diverse o dove, almeno, le convivenze non creino scalpore, magari a New York, lasciando i principini a Carlo e alla regina per la maggior parte del tempo. Un'idea che, da madre chioccia quale era, non l'aveva mai sfiorata in passato. È pazza di Khan e consapevole che sia l'uomo della sua vita.

Ma non fa i conti col chirurgo, un uomo solido che ama la sua indipendenza e il suo mestiere, poco propenso ai colpi di testa. Lui spera che sia il tempo a mettere a posto le cose.

E non ha torto: con un po' di pazienza lui e Diana potrebbero trovare delle vie d'uscita, potrebbero essere felici, innamorati come sono. Lei però insiste, non lo lascia vivere: non capisce il suo attaccamento al lavoro, alle sue tradizioni e alla sua fede.

Khan non intende diventare il finto chirurgo di un ospedale per ricchi, finanziato da lei, non vuole essere il signor

Diana. La ama per ciò che è, non perché è la bella principessa, desidera per loro una vita condivisa che cerca di costruire.

Diana, a quel punto, spaventata e insicura, si caccia in un vicolo cieco. È abituata a comandare, a vincere, a soggiogare gli altri col suo fascino: questa volta rimane senza altra arma se non la rabbia.

Così, qualche mese prima della campagna contro le mine antiuomo, i due rompono violentemente e Diana, per farlo ingelosire e dimostrargli che esistono musulmani più moderni, decide di partire con Dodi al Fayed.

La morte di Diana spezza definitivamente una relazione che poteva riprendere sfociando, se non in un matrimonio, in un'unione davvero imbarazzante per la dinastia inglese.

Poco dopo la scomparsa di Diana, da buon figlio musulmano Khan accetta il matrimonio combinato dalla famiglia con una ragazza da cui divorzierà quasi subito.

Lavora ancora come chirurgo e, unico fra gli amori di Diana, non si è mai rifatto una vita.

La morte

Uno strano incidente. Anzi, due.

Monaco, 14 settembre 1982, ore 23.45: Telemontecarlo diffonde il flash della notizia della morte di Grace Kelly sopravvenuta in seguito alle gravi ferite riportate in un incidente d'auto. Aveva 52 anni.

Parigi, 31 agosto 1997, ore 5.30: in una conferenza stampa Jean-Pierre Chevènement, ministro dell'Interno francese, e Michael Jay, ambasciatore del Regno Unito in Francia, annunciano l'avvenuta morte della principessa Diana, spirata, nonostante le cure, in seguito alle gravi lesioni interne riportate in un incidente d'auto. Aveva 36 anni.

Due principesse, un destino.

E mille e mille ipotesi, in un caso come nell'altro, sull'incidente che ne ha causato la morte, improvvisa, inattesa e prematura.

GRACE - *La fine della strada*

Lunedì 13 settembre è una bella giornata di sole; sono le nove e mezzo. Grace, leggermente in ritardo rispetto ai suoi impegni, lascia Roc Agel alla guida della sua auto, una Rover verde, di dieci anni ma con solo 25mila chilometri. Con lei c'è Stephanie, rientrata il venerdì mattina da una vacanza ad Antigua dove ha avuto un incidente di sci d'acqua abbastanza serio: le hanno dovuto dare diversi punti in testa. Grace è preoccupata per la salute della figlia, vorrebbe che si sottoponesse a qualche esame, ma le aspetta un aereo per Parigi, Stephanie deve riprendere la scuola. Prima di partire hanno salutato Alberto, appena tornato nella notte dall'Italia, dove è stato a una partita di calcio, e che ha promesso di raggiungerle più tardi a palazzo. Ranieri è già sceso, il sabato, ed è già al lavoro. Caroline non c'è: è partita per Londra la domenica. Curiosamente Grace rifiuta l'aiuto dell'autista, che l'aspettava pronto a fianco dell'auto. Non c'è posto per tre, sostiene lei, visto che vuole riportare a palazzo alcuni abiti da sistemare: deve partire per un giro di dieci giorni in Inghilterra, poi volare in America per un altro tour di recite di poesia. L'autista si offre di accompagnarla lo stesso e tornare a prendere gli abiti, ma lei rifiuta. Strano, molto strano, in quanto la principessa non ama assolutamente mettersi al volante. Ranieri non ha mai approvato che lei guidasse; per questo le aveva messo a disposizione un autista personale e, nel caso non fosse disponibile lui, qualcuno a palazzo era sempre pronto ad accompagnarla. Negli anni Settanta Grace aveva usato come auto un taxi inglese, pesante e ingombrante; ma dopo un tamponamento avvenuto proprio quando lei era alla guida e di cui era la responsabile, aveva dichiarato «Non guiderò mai più».

Con grande soddisfazione di Ranieri e sollievo dei suoi amici che conoscevano la sua scarsa abilità al volante.

La strada per scendere a palazzo non è bella: ha percorso le stesse curve al fianco di Cary Grant la prima volta che ha messo piede a Montecarlo, per le riprese di *Caccia al ladro*. Il sole del mattino è accecante, le curve quasi non si vedono. Il weekend non è stato tranquillo: la preoccupazione per Stephanie, le seccature che hanno costretto Ranieri ad andarsene prima, i figli con le loro agende fitte di arrivi e partenze, la preparazione del guardaroba per il tour. Per evitare che Stephanie, reduce dall'incidente, a Parigi venga assalita dai fotografi, scenderanno in un albergo; ma questo richiede una valigia aggiuntiva per lei e per Stephanie, per non dover passare dall'appartamento di Avenue Foch dove sicuramente i giornalisti sono in agguato. Al segretario che al telefono le ricorda l'appuntamento con il sarto, Daniel Roland, lei dice: «Metto giù e parto». All'autista che insiste per guidare dice ridendo: «Se proprio vuoi, seguici». Ed è così che infatti Christian Silvestri vede l'auto partire, con Grace al volante. Da Roc Agel a Monaco sono pochi chilometri, ma con diversi tornanti molto stretti che obbligano quasi a fermare l'auto e un traffico fitto di camioni e pullman. Ed è un autista di camion, Yves Raimondo, che diventa il testimone chiave di un incidente che susciterà molte perplessità. Sono le 9.53 e l'auto è quasi a metà strada. Raimondo vede la macchina davanti a lui sbandare, e suona il clacson. L'auto riprende il controllo. Stanno per arrivare a un tornante molto stretto. Da una parte c'è la montagna, dall'altra il dirupo.

«La curva si avvicinava» ricorda Raimondo. «E l'auto non rallentava né accennava a girare. Le luci dei freni rimanevano spente. L'ho vista accelerare sempre più, poi scomparire.» L'auto sbatte contro un pino, si capovolge e si ferma 40 metri più sotto. L'orologio del cruscotto si blocca sulle 9.54. Stephanie viene estratta dall'auto dalla portiera anteriore sinistra, quella del guidatore: da qui le infinite elucubrazioni su chi fosse davvero alla guida quel mattino. Grace è stata scaraventata sul sedile posteriore, mentre gli abiti sono sparsi per tutto l'abitacolo. Nessuna delle due passeggere aveva allacciato la cintura di sicurezza. Stephanie è sotto choc, continua a ripetere di aiutare la madre e di avvisare il padre. «Chi è tuo papà?» «Il principe.» Sono le dieci, quando qualcuno avvisa la Gendarmerie. Le 10.10 quando arrivano due ambulanze, su una delle quali viene caricata Stephanie. I poliziotti trovano l'auto con il freno a mano tirato e il cambio in posizione D (drive, guida). Rompono il finestrino posteriore e da lì estraggono Grace e la stendono su una barella. Paul Choisit, il suo segretario, con cui aveva parlato al telefono appena mezz'ora prima, arriva per primo sul luogo dell'incidente quando Grace è già sull'ambulanza: bussa disperatamente alla porta dell'automezzo dicendo «Parlo inglese posso aiutarvi», pensando che, forse, nello choc del momento, Grace non riesca a esprimersi bene in francese. La principessa non parla, ma non è in coma, reagisce agli stimoli dolorosi.

Paul ha un momento di commozione quando lì, per terra, fra gli abiti e le valigie, vede la borsa per il ricamo che Grace aveva sempre con sé. Anche la principessa viene caricata sull'ambulanza ma quando arriva all'ospedale che porta il suo nome, che lei ha inaugurato, è subito chiaro che la situazione è disperata: la principessa ha perso conoscenza, presenta fratture multiple alle gambe, alle costole, a una clavicola, ferite all'addome e alla testa. Per valutare i danni cerebrali – la principessa infatti non accenna a riprendere conoscenza – viene portata in uno studio medico vicino, che possiede l'apparecchiatura per effettuare una Tac, apparecchiatura di cui l'ospedale non è ancora dotato. L'esame evidenzia due lesioni, una delle quali, secondo il parere dei medici, non è stata provocata dall'incidente ma, essendo di poco precedente, ne è stata probabilmente la causa. E il verdetto è chiaro: inoperabile. Grace è attaccata alle macchine per la respirazione artificiale, ma le sue condizioni continuano a peggiorare. Stephanie non è grave, giace in un'altra stanza dell'ospedale disperata, sotto choc, in attesa di notizie sulle condizioni della madre. Anche il mondo – la notizia dell'incidente si è diffusa veloce come il lampo – è in ansia. In un primo momento a corte, a causa anche dell'assenza della fedele responsabile dell'ufficio stampa Nadia Lacoste, minimizzano. Anche perché vogliono aspettare il ritorno di Caroline da Londra: Ranieri non vuole che sappia quanto grave è sua madre fino a che possa parlargliene lui direttamente.

Ora il principe, Caroline e Alberto sono nella stanza di Grace, muri bianchi, i suoi amati fiori ovunque, ad accoglierla quando torna dalla Tac. Il suo cervello, hanno decretato i dottori, non funziona più, né potrà tornare a farlo. Poco prima la famiglia si era riunita nella stanza di Stephanie: nella disperazione, prendono la difficile decisione di non continuare a tenere Grace in vita artificialmente. Ed è ormai buio, le 22.10 del 14 settembre, quando ciascuno di loro dà l'ultimo saluto a Grace prima che i tubi vengano staccati, i monitor spenti.

GRACE - *I funerali, tra giallo e nero*

Non si sono ancora spenti del tutto i video dei monitor nella stanza piena di fiori, che già si accendono le polemiche.

Non era Grace alla guida, ma Stephanie.

No, guidava Grace, ma le due avevano avuto una discussione talmente animata da far perdere il controllo dell'auto a una guidatrice insicura come lei.

Macché, dietro l'incidente c'era la mafia di Nizza, decisa a prendere il controllo di Montecarlo e che Grace aveva sempre ostacolato. La mafia aveva manomesso i freni dell'auto e per questo Ranieri aveva fatto rimuovere immediatamente la Rover dal luogo dell'incidente. Anche i soccorsi vengono messi pesantemente sotto accusa. Dagli Stati Uniti i giornali strillano in prima pagina «Grace poteva essere salvata». Tutto questo rumore è dovuto, in parte, al silenzio che il palazzo ha mantenuto nelle ore dopo l'incidente. Ranieri non voleva che Caroline apprendesse la notizia dai telegiornali; né aveva alcun desiderio, l'umore o la forza di parlare con i giornalisti. Nadia Lacoste, la responsabile dei rapporti con la stampa, si trovava in

Germania e il suo sostituto non era in grado di gestire una situazione così complessa. In più, a palazzo sono completamente disorientati, e non solo per il dolore. Grace, il perno della famiglia, non c'è più. Toccante, quasi buffa, la testimonianza di Elisabeth-Anne De Massy, la nipote di Ranieri, che ricorda: «Dovevamo organizzare un importante e impegnativo funerale di Stato. Nella nostra testa, inconsapevoli, aspettavamo che Grace, come al solito, se ne occupasse. Mia madre, la principessa Antoinette, quando le chiedevo qualcosa, qualche indicazione, rispondeva senza pensare "Dovresti chiedere a zia Grace"».

Ranieri è annientato. Le foto di quei giorni mostrano un uomo piegato dal dolore, incapace di affrontare la realtà. Stephanie è chiusa in una stanza d'ospedale, tormentata dai sensi di colpa – avrebbe potuto fare qualcosa quando sua mamma aveva detto di avere un forte mal di testa? prendere il volante? – tanto che persino un medico la rassicura: è stata lei, in fin dei conti, a tirare il freno a mano per cercare di fermare l'auto. La lesione di una vertebra la obbliga a un doloroso collare che sale anche sulla testa, e le voci sui sospetti che fosse lei alla guida non l'aiutano certo a riprendersi. È Caroline la scapestrata, Caroline che ha già affrontato un matrimonio e un divorzio, che ha sempre cercato di fuggire dal palazzo, dalle responsabilità, che si fa carico di tutto. Sceglie l'ultimo abito che Grace indosserà – un abito lungo, bianco, ornato di pizzi che una raggiante e orgogliosa Grace aveva sfoggiato accanto ai suoi bellissimi figli, solo alla fine di luglio, al gala della Croce Rossa. Chiama Alexandre perché le pettini, per l'ultima volta, i capelli, modellandoli in uno dei suoi famosi chignon. Sostiene psicologicamente e fisicamente il padre, cerca di stare accanto il più possibile a Stephanie che, è chiaro, non è in condizioni di partecipare al funerale della madre. I giardinieri di palazzo raccolgono per Grace cesti sempre freschi dei suoi amati fiori; la città è bardata a lutto; ovunque si vedono persone che piangono, incapaci di credere che la principessa delle fiabe, la loro principessa, non ci sia più.

Sabato 18 settembre tutte le campane delle chiese di Monaco suonano a morto, il feretro esce da palazzo sostenuto da dodici penitenti della Confraternita della misericordia; sopra, la bandiera con i colori di Monaco e quattro bouquet di rose rosa, i suoi fiori preferiti. Ben cento milioni di persone nel mondo seguono la trasmissione televisiva delle esequie. Ranieri segue il feretro, al braccio di Caroline: ma sembra non accorgersi nemmeno di quello che sta accadendo, come perso nel ricordo di quando lui e Grace avevano raggiunto la stessa cattedrale per le nozze, all'inizio della fiaba.

Sedute dietro ai reali ci sono quattro delle damigelle d'onore del matrimonio, anche loro incredule di essere lì, ventisei anni dopo i festeggiamenti per il sì. Un quarto di secolo di assiduo lavoro diplomatico di Grace ha fatto sì che tutte le massime autorità del mondo, presidenti e regnanti, non disertino il suo funerale come avevano fatto per le sue nozze: ci sono Diana d'Inghilterra e i principi del Belgio e di Danimarca, le mogli dei presidenti francese e americano, Madame Mitterand e Nancy Reagan, i suoi amati divi americani, Cary Grant in testa. Nel pomeriggio padre e figli devono assistere a una messa di requiem aperta a tutti i residenti. Per tre giorni il feretro ricoperto di fiori freschi rimane esposto in una cappella laterale della cattedrale. Come mai così a lungo? Ranieri ha chiesto di rimandare l'inumazione finché venga allargata la fossa che accoglierà il feretro della principessa, sotto l'altare maggiore. Perché è lì che vorrà riposare anche lui, per sempre, accanto a Grace.

GRACE - *Il mistero della setta*

La storia ha dell'incredibile, ma visto che è partita da un documentario-inchiesta ed è stata riportata da Channel 4 per poi essere rilanciata dal *Sunday Times* merita almeno una menzione. Nell'anno della sua morte, Grace avrebbe partecipato a un rito iniziatico per affiliarsi alla setta del Tempio Solare, che diventerà tristemente celebre tra il '94 e il '97 per aver portato al suicidio di massa 74 suoi membri tra Svizzera, Francia e Canada. Due testimoni, per altro anonimi, avrebbero descritto il rito di iniziazione nei minimi particolari avendovi presenziato. Il documentario racconta inoltre che alla principessa la partecipazione al rito sarebbe costata l'esorbitante cifra di 60 milioni di franchi. Quando il capo della setta, Joseph Di Mambro – poi morto in un suicidio collettivo nel '94 – avrebbe chiesto altri soldi alla principessa, lei avrebbe minacciato di denunciarlo. La morte di Grace impedisce qualsiasi epilogo. Quando la stampa nel '97 dà eco alla notizia, la corte si trincera dietro un no comment.

Un legame che univa la corte alla setta però c'era: Jean-Louis Marsan detto Loulou, il migliore amico di Ranieri, era appassionato di esoterismo ed era in contatto con il Tempio Solare. Marsan morirà venti giorni prima di Grace. Sulla sua tomba ci saranno le insegne dell'ordine. Da sempre vicino al principe, Marsan è intelligente, ricco e brillante, e Ranieri, come Grace cattolico fervente e ben attento a non guastare i rapporti con il Vaticano con cui aveva firmato un concordato, giudica questa faccenda della setta poco più di una bizzarria dell'amico. Ma cosa c'entra tutta questa storia con la morte della principessa? Probabilmente niente. Che Grace negli ultimi anni fosse irrequieta, forse infelice, sicuramente desiderosa di recuperare il suo ultimo tratto di vita, è praticamente certo. Tutto il resto appartiene alla categoria delle ipotesi fantasiose e complottistiche, che sempre proliferano davanti a una morte improvvisa e apparentemente inspiegabile.

DIANA - *In fondo al tunnel*

Alle quattro del mattino del 31 agosto 1997 Lady Diana Spencer, ex principessa di Galles, viene dichiarata ufficialmente morta.

Quattro ore prima la sua Mercedes guidata dall'autista ubriaco Henri Paul si era schiantata contro un pilastro del tunnel dell'Alma a Parigi mettendo fine a una corsa iniziata sotto il portone dell'Hotel Ritz. Una vera e propria fuga per seminare i paparazzi, che inseguivano la coppia formata dalla principessa e Dodi al Fayed per strappare l'ennesima foto sulla ormai celebre storia d'amore.

Nell'impatto – probabilmente il flash di un fotografo aveva accecato l'autista – Dodi muore sul colpo mentre i soccorritori trovano Diana ancora in vita e, apparentemente, senza traumi tranne per il braccio destro completamente slogato.

Ad accorrere per primo sul luogo dell'incidente è un medico di pronto soccorso, Frederic Maillez, che tornando a casa da una festa si ferma per dare aiuto. Non ha idea di chi sia la ragazza bionda che cerca di rianimare ma vede subito, assieme ai colleghi arrivati poco dopo, che la situazione è critica. Nell'urto Diana non ha riportato ferite esterne, ma si temono vaste emorragie interne. I medici francesi cercano di stabilizzarla prima di portarla in ospedale. Quando arriva in sala operatoria e le aprono lo sterno, le sue condizioni appaiono disperate: la vena polmonare è lacerata e l'impatto ha spostato il cuore da sinistra a destra. Trasfusioni e defibrillatori non servono a nulla: il cuore cede. C'era una possibilità di salvarla?

Sì, risposero con amara ironia i francesi, ma solo se l'auto, nell'impatto, fosse piombata all'interno di una sala operatoria. Il trasporto in ospedale aveva minato il fisico già devastato dai traumi e l'intervento c'era stato solo per non lasciare nulla di intentato.

L'inchiesta successiva ha escluso negligenze nel comportamento dei medici francesi. La sorte della principessa del popolo altro non era stata che quella banale delle migliaia di persone che muoiono ogni giorno in incidenti stradali.

Forse.

DIANA - *Il complotto*

Diana ha lasciato decine di lettere in cui si dice certa che qualcuno avrebbe cercato di ucciderla sabotando i freni della sua auto o il piccolo aereo da turismo oppure l'elicottero su cui viaggiava. Questo «qualcuno», Diana ne è certa, è all'interno della cerchia reale. Pensa a Carlo, pensa al duca di Edimburgo. Il fine: consentire al principe, finalmente vedovo, di sposare Camilla che già nel '97, a un anno dal divorzio reale, vive con Carlo e lo accompagna ovunque come la sua ombra.

Due inchieste, una inglese e una francese, entrambe molto accurate, hanno escluso responsabilità della famiglia reale nella morte di Lady Di. La ricostruzione, inoltre, attribuisce l'incidente all'inseguimento dei paparazzi e alla presenza di alcol e tranquillanti nel sangue dell'autista.

Ma davanti ai suoi scritti, la sensazione che Diana abbia passato gli ultimi anni della sua esistenza nella paura che le accadesse qualcosa è forte e indubitabile.

«Sto vivendo il periodo più pericoloso della mia vita» scrive per esempio la principessa dieci mesi prima dell'incidente a Paul Burrell «qualcuno sta progettando un "incidente" alla mia auto. I freni verranno manomessi e io dovrei procurarmi ferite mortali alla testa in modo che Carlo abbia la strada libera per sposarsi. Sono ormai quindici anni che subisco maltrattamenti e violenze psicologiche da questo sistema...»

In altre lettere la principessa indica senza mezzi termini il principe Filippo come mandante del suo omicidio: non deve essere stato facile per la famiglia reale vedere questi scritti nelle mani dei giudici, scoprire che Diana riteneva di essere spiata e che loro volessero eliminarla. E questo perché faceva ombra a Carlo e indeboliva la figura pubblica che il curatore di immagine Mark Bolland stava creando per lui e la sua amante. Affinché gli inglesi accettassero Camilla, se non come moglie, almeno come compagna ufficiale.

Diana, però, immaginava complotti degni della Spectre e niente di quello che ha lasciato scritto si è rivelato fondato.

È chiaro che l'eventuale conferma dell'assassinio della principessa e Dodi – per cui si batte ancora oggi Mohamed al Fayed – potrà arrivare solo dagli archivi dei servizi segreti britannici e non è probabile che accada nei prossimi anni. Quindi, al momento, non c'è modo di uscire dalle strette della verità ufficiale. Anche la tesi secondo cui Diana doveva morire perché incinta di Dodi al Fayed è stata sconfessata dall'autopsia. Un referto crudo la cui pubblicazione è stata necessaria per portare avanti l'inchiesta francese e quella britannica.

Diana, anche se alcune foto la ritraggono con una indubbia e anomala pancetta, non era incinta al momento della morte. Inoltre l'entourage reale e i servizi britannici sapevano benissimo che Dodi al Fayed e quella clamorosa crociera nel Mediterraneo altro non erano se non un modo per ingelosire Hasnat Khan.

Non ha molto senso, dunque, immaginare che agenti segreti si siano dati la pena di inscenare un incidente stradale per uccidere Diana proprio mentre il rischio Hasnat Khan era ormai alle spalle. Tuttavia si può rispondere che proprio per la particolarità del momento – il ritorno dalla vacanza al mare, Parigi, l'assenza di scorta – quella poteva essere l'occasione più propizia per eliminare la principessa che tanto nuoceva alla famiglia reale.

C'è un ulteriore elemento che rende poco credibile, più ancora che l'ipotesi di un complotto monarchico per neutralizzare la mina vagante della famiglia reale, il coinvolgimento diretto del duca di Edimburgo: il principe consorte è sempre stato contrario al matrimonio di Carlo e Camilla e i suoi rapporti con il figlio sono ed erano praticamente inesistenti. Ipotizzare, quindi, che proprio il duca di Edimburgo sia intervenuto a favore del secondo matrimonio di Carlo non ha molto senso.

Se si vuole immaginare un complotto per uccidere Diana si deve invece partire da chi ne avrebbe tratto vantaggio – Carlo quindi – o da un'azione del governo a favore della corona messa a rischio dai comportamenti di Diana.

Anche l'ipotesi Carlo, però, non regge. Proprio la morte di Diana riporta la sua storia con Camilla indietro di vent'anni. Di nuovo la donna è costretta a nascondersi e a scappare dall'Inghilterra e la campagna di odio di cui diventa oggetto spinge Scotland Yard a metterla sotto protezione. I due non hanno alcun bisogno di sposarsi per stare insieme e la decisione, come hanno potuto vedere tutti, verrà presa molto tempo dopo e per ragioni diverse.

Resta l'ipotesi dell'azione dei servizi segreti per salvaguardare la corona. Questo, però, ce lo dirà solo la storia. I fatti, intanto, raccontano dell'assoluta imprevedibilità delle azioni dei due amanti in quegli ultimi giorni incantati fra il mare e lo yacht.

DIANA - *Dalla Costa Azzurra all'Alma*

Diana, piena di rabbia e gelosia nei confronti del medico pakistano, fa le valigie per andare in vacanza con Dodi. Nel tentativo di indispettire Khan si tira dietro in Costa Azzurra i migliori paparazzi britannici, cui fa sempre sapere dov'è e cosa fa.

Ama molto il mare ed è un'ottima nuotatrice: così tantissime fotografie la ritraggono coi principini e con Dodi sugli aquascooter, mentre si tuffa, mentre prende il sole.

Mentre il relax mostra subito i suoi effetti benefici, la compagnia dei fotografi la innervosisce sempre di più. Li ha usati per inondare il mondo con le sue immagini e adesso loro vogliono di più, cercano di ritrarla in topless (da qui l'uso del costume intero per tutta la vacanza) o mentre si scambia effusioni con la nuova fiamma.

Quando Diana manda via Harry e William che raggiungono il padre nell'amata Balmoral, i paparazzi inglesi, cui si sono aggiunti quelli di tutto il mondo, non si sognano di mollare la presa innescando così la spirale che doveva concludersi con la corsa nella notte di fine agosto e lo schianto sotto il ponte.

All'alba del 30 agosto, Dodi – l'ultimo uomo sbagliato nella vita di Diana – reso instabile dalla cocaina che consuma in abbondanza e stufo di essere guardato a vista mentre naviga lungo le coste sarde, decide improvvisamente di portare la sua bionda conquista a Parigi, sperando che i fotografi non lo seguano.

Una vera ingenuità a cui Diana, con tutta la sua esperienza in materia, misteriosamente non si oppone.

Dunque quel giorno i due, ripresi da tutti i reporter, salgono su un aereo privato a Olbia e dopo due ore di volo si trasferiscono in un posto dove li avrebbe trovati anche uno studente di fotografia alle prime armi: l'Hotel Ritz, nel cuore di place Vendôme.

Se Dodi avesse dato retta a suo padre portando subito la principessa nella loro villa parigina protetta da un'efficace sicurezza privata, è probabile che sarebbero entrambi ancora vivi. Così come non sarebbe successo nulla se, lasciata trascorrere la notte in una suite, Dodi e Diana si fossero trasferiti a casa al Fayed il giorno dopo, subendo l'attacco dei flash con pazienza fino alla sicura villa. Ma l'intemperanza di Dodi porta entrambi alla rovina.

Il resto è storia. Assediati nell'albergo, Dodi e Diana escono da una porta secondaria per salire sulla loro Mercedes. L'autista di fiducia di al Fayed non è in servizio, così il Ritz fornisce loro i rovinosi servigi di Henri Paul.

Gli scatti delle sue ultime ore di vita mostrano Diana che esce dall'albergo a testa bassa e guarda con gli occhi spalancati e abbagliati se qualcuno la segue.

Il resto è un ammasso di lamiere da cui fu tratto vivo solo Trevor Rees-Jones, una delle guardie del corpo di Dodi che, ancora oggi, non ricorda nulla dello schianto. Dodi e l'autista muoiono sul colpo a mezzanotte circa.

Inutile dire che i fotografi arrivano prima dei soccorsi.

DIANA - *A Balmoral*

Svegliati dal telefono che annuncia un generico incidente occorso a Diana, Carlo, la regina, il duca e la regina madre attendono in vestaglia come una famiglia qualsiasi lo sviluppo degli eventi. Fin dall'inizio, però, il principe di Galles – agitato probabilmente da tremendi rimorsi – decide di gestire in autonomia la situazione. Al successivo annuncio dell'avvenuto decesso impone a padre e madre, contrarissimi, di concedergli un aereo di Stato per andare a prendere la salma. Parte alla volta di Parigi con le cognate Lady Sarah e Lady Jane accorse fin dall'alba.

Inaspettatamente il duca – rimasto orfano di madre da bambino – rivela il suo lato umano, prende in carico William e Harry e si dedica loro senza risparmio di forze. Li porta a caccia, a pesca, in chiesa, ovunque. Per giorni e giorni non li lascia soli un istante. Durante una passeggiata William gli scappa causandogli una delle paure più forti della sua vita. Coinvolto, il duca si batterà, in pieno accordo con la regina, per evitare ai ragazzi i funerali della madre. Esequie che entrambi vedevano e volevano private, gestite dalla famiglia Spencer e prive di chiasso, di giornalisti, televisioni, personalità, pubblicità.

Né il duca né la regina (ben più esperta di lui) si rendono conto dell'impatto che la notizia ha sugli inglesi e sul mondo. Sottovalutano l'assedio a Buckingham e a Kensington Palace, i fiori che la gente continua a portare, le lacrime, i titoli dei tabloid. E mentre Carlo, come un qualsiasi cittadino, si assume le incombenze burocratiche e pratiche del riconoscimento ufficiale dell'ex moglie e la riporta in patria nella bara avvolta dal gonfalone del Galles e con gli onori militari, la regina fa il peggiore scivolone della sua lunga vita sul trono. Non riconosce il dolore degli inglesi e porta la monarchia sull'orlo della catastrofe.

DIANA - *Carlo e il primo ministro*

Mentre la famiglia è arroccata a Balmoral, Carlo e Tony Blair cercano di salvare la monarchia dal momento di maggiore impopolarità dell'ultimo secolo. Carlo dà ordine che le bandiere di entrambe le sue residenze siano ammainate a mezz'asta, mentre ciò non avviene a Buckingham Palace che rimane senza vessillo scatenando la rabbia degli inglesi che vedono in quel gesto il disinteresse della regina per il loro dolore.

Mentre le trattative sui funerali infuriano, Blair tiene un discorso alla nazione in cui definisce Diana «la principessa del popolo» allentando per qualche giorno la tensione. Poi tutto precipita: i giornali titolano «Dov'è la nostra regina?». I reali sono costretti a rientrare a Londra ed Elisabetta ad apparire in televisione per l'orazione funebre di Diana e subito dopo a mostrarsi in pubblico attorno alla reggia fra i fiori, le lettere e i peluche che centinaia di migliaia di persone avevano lasciato a Diana come ricordo.

Sconvolta dall'accaduto, inorridita per la pubblicità di quel dolore che, secondo la sua mentalità, doveva restare nascosto nel riserbo di Balmoral, contraria all'esposizione dei due nipoti, la regina segue i consigli del primo ministro. E fa preparare ai suoi dignitari il funerale pubblico dell'ex nuora secondo tutti i crismi dell'istituzione. Un immenso funerale pubblico, mix di novità e tradizione come solo la casa reale britannica sa fare. Uno spettacolo seguito in tv da oltre due miliardi e mezzo di persone. L'ultimo impegno pubblico di Lady Di per la monarchia.

In diretta, il feretro di Diana trainato da sei cavalli attraversa le strade di Londra coperto di fiori e il bigliettino su cui Harry aveva scritto «Mummy». Dietro, oltre alla famiglia reale e gli Spencer, i rappresentanti delle associazioni benefiche della principessa e moltissime persone che lei aveva aiutato nel corso degli anni. E poi cantanti, musicisti, esponenti della società civile. In chiesa – colma di reali, politici e personalità del jet set – Elton John canta per lei *Candle in the Wind*, riscritta per l'occasione.

Nella rappresentazione per una volta si uniscono l'affettività e la sensibilità di Diana alla forza iconografica della famiglia reale.

La visione della regina in nero accompagnata dalla madre quasi centenaria e degli uomini Windsor a piedi dietro la bara riappacifica gli inglesi con i loro sovrani. A nulla serviranno le invettive del conte Spencer che dal pulpito attacca frontalmente la regina e dice che la sorella «non aveva bisogno di un titolo per irradiare la sua speciale magia».

Appena pronunciate, le sue parole vengono dimenticate dagli inglesi sedotti dai due ragazzini che cercano di trattenere le lacrime, dalla compostezza di Carlo e della regina, dalla musica di Elton John, dall'omaggio dei grandi della terra.

Il conte Spencer – lo stesso che aveva rifiutato di ospitare Diana ad Althorp e che le aveva chiesto la restituzione della tiara di famiglia – chiede poi il rispetto dei paparazzi nei confronti dei principini. Carlo e la regina gli fanno sapere con garbo che dei bambini si sarebbero occupati loro.

Se il matrimonio dell'ingenua ragazza vergine con il principe azzurro aveva rappresentato uno dei punti di massima popolarità della monarchia, il funerale della grande icona della moda e della carità mette un punto alla storia tutta sbagliata iniziata sedici anni prima. Compiute le esequie, i Windsor lasciano al conte Spencer il compito di trovare un luogo adatto in cui seppellire Diana, che non aveva più diritto a un posto fra le loro tombe.

Gli Spencer sistemano Diana in una tomba posta all'interno di un isolotto della tenuta di Althorp, difficile da raggiungere e scelto, probabilmente, perché almeno da morta non venisse assediata dai fotografi. Un mausoleo è stato aperto, sempre dai familiari, in suo onore ma il risultato, travolto da errori di gestione e speculazioni, è stato tristissimo e poco interessante anche per il pubblico.

Gli abiti esposti e le foto non conservano nulla della forza magnetica e della vitalità pubblica di Diana. Che giace nel cuore di un isolotto, in totale solitudine. Così come è vissuta.

EPILOGO

Grace e Diana, l'addio

«Io e sua madre eravamo unite, in qualche modo, da un legame.»

Così dice Diana a Caroline il giorno dei funerali solenni della principessa di Monaco. Abito nero con collo alla coreana, cappellino nero, un filo di perle e l'anello del fidanzamento, non è ancora la sofisticata bellezza che sboccerà; ma non è già più la ragazzina che aveva incontrato Grace al recital di poesia al Covent Garden di Londra. Per essere presente a quel funerale, la timida Lady Di ha lottato contro tutto e tutti, persino contro le circostanze. Ne aveva parlato al marito, che le aveva risposto di richiedere l'autorizzazione alla segreteria della regina. Autorizzazione che, in un primo momento, le viene negata; la regina non intende inviare nessuno ai funerali – e, in ogni caso, ai funerali vanno gli uomini, ma Carlo ha un impegno. Diana insiste e, alla fine, ha la meglio. Si impone, e tramuta il viaggio in una grande conquista personale oltre che in un successo pubblico. Anche se niente sembra andare per il verso giusto: l'auto che la porta dall'aeroporto all'albergo di Montecarlo si ferma per un guasto. L'ascensore su cui sale si blocca. Ma Diana mantiene i nervi saldi: la sua bellezza e la freschezza della sua gioventù spiccano fra tante teste coronate e tante autorità; intuisce quanto sia importante apparire, nella sede giusta e nel modo giusto. Come in questo caso, anche da sola. I tabloid lodano la sua bellezza e umanità, fra i reali nessuno registra il suo successo. E nessuno, neanche il più malevolo dei cortigiani, può criticarne modi e abiti: il suo comportamento durante la cerimonia funebre viene giudicato esemplare nonché commovente anche dagli stessi Grimaldi, palesemente distrutti dall'evento.

Si conclude qui la storia delle due principesse, bellissime regine di cuori, sovrane incontrastate delle cronache rose, innamorate dei figli, impegnate nel sociale. E soprattutto decise ad affermare la propria concezione di vita nel mondo e nel loro regno. Regno che, dopo la tragica e prematura scomparsa di entrambe, si è scoperto profondamente mutato dalla loro influenza.

Storia che si apre con l'incontro – l'unico vero – alla prima uscita ufficiale di Lady Di e si conclude con l'ultima uscita pubblica di Grace. In un luminoso mattino di settembre, nel piccolo regno dai confini fatti di fiori.

Bibliografia

GRACE

Sarah Bradford, *Princess Grace*, Weidenfeld & Nicolson, London 1984 (trad. it. *Princess Grace*, Frassinelli, Milano 1985)

Marina Como, *Accadde solo per caso: che Grace, Diana e Ingrid...*, Rai-Eri, Roma 2005

Jean Des Cars, *Il était une fois Monaco*, Edition du Rocher, Monaco 1996

Yann Brice Dherbier e Pierre Henri Verlhac, *Grace Kelly dalle scene di Hollywood al trono di Montecarlo*, White Star, Vercelli 2007

Anne Edwards, *The Grimaldis of Monaco*, William Morrow & Co., New York 1992

Frédéric Mitterand, *Gli anni di Grace Kelly*, Skira, Milano 2007

Enrica Roddolo, *La dinastia dei Grimaldi: settecento anni di storia e leggenda del Principato di Monaco*, Piemme, Casale Monferrato 1997

–, *Principi: storia e amori a Montecarlo*, Mursia, Milano 2004

–, *Ritratto di un principe: Alberto II di Monaco il figlio di Grace e Ranieri e l'eredità di Montecarlo*, Tea, Milano 2006

Jeffrey Robinson, *Rainier & Grace*, Simon & Schuster, London 1989

James Spada, *Grace: vita segreta di una principessa*, Armenia Editore, Milano 1987

Joanna Spencer, *Grace principessa disincantata*, Mondadori, Milano 2005

DIANA

Tina Brown, *Lady Diana Chronicles*, Corbaccio, Milano 2007

Paul Burrell, *Al servizio della mia regina: A Royal Duty*, Tea, Milano 2004

Jonathan Dimbleby, *The Prince of Wales, a Biography*, Little Brown, London 1994

Caroline Graham, *Carlo e Camilla: la storia d'amore*, Tea, Milano 2005

Martine Kurz e Christine Gauthey, *Diana principessa del mondo*, Fabbri Editori, Milano 1997

Andrew Morton, *Diana: la sua vera storia*, Sonzogno, Milano 1992

Anna Pasternak, *Princess in Love*, Sonzogno, Milano 1994

James Whitaker, *Diana vs. Charles*, EP Dutton, New York 1993 (trad. it.: *Diana contro Carlo*, Rizzoli, Milano 1993)

Intervista rilasciata dalla principessa Diana alla Bbc il 20 novembre 1995

Collezioni di giornali

Vanity Fair (Condè Nast)

Chi (Mondadori)

Oggi (Rizzoli)
Gente (Rusconi)
Gioia (Rusconi)
la Repubblica
Corriere della Sera
Panorama (Mondadori)
l'Espresso (Gruppo L'Espresso-la Repubblica)

Ringraziamenti

Un grazie riconoscente a Sofia Catalano e Nicoletta Sipos per i libri e l'amicizia; a Benedetta Centovalli per la divertita fiducia, a Stella Boschetti per l'intelligente pazienza.

Finito di stampare nel giugno 2010
presso Niiag-Arvato Print Italy (Bergamo)